动画视频 ＋ 全彩图解

人工智能与无人驾驶汽车

顾惠烽　编著

化学工业出版社

·北京·

内容简介

本书在介绍人工智能的基本概念和工作流程、无人驾驶汽车的基本原理与核心技术组成、总体构造与关键部件、安全与可靠性及相关法律法规的基础上，重点阐述人工智能技术在无人驾驶汽车中的应用，如计算机视觉和视频摄像头技术、语音识别技术、自然语言处理技术、人机交互和问答技术、激光雷达和激光测距器技术、车联网技术、精确定位技术、大数据与机器学习及工控机技术等。

全书采用生动形象的语言、恰如其分的比喻、动画视频＋全彩图解相结合的形式进行讲解，便于读者快速理解和掌握相关知识点。

本书适合人工智能和无人驾驶汽车技术学习入门者使用，也可供相关院校和无人驾驶车辆研究开发单位组织日常教学、培训使用，汽车驾驶员、私家车主以及对人工智能和无人驾驶技术感兴趣的读者均可参阅。

图书在版编目（CIP）数据

动画视频＋全彩图解人工智能与无人驾驶汽车 ／ 顾惠烽编著 . -- 北京 ：化学工业出版社，2025. 5. -- ISBN 978-7-122-47483-4

Ⅰ. U471.1-64

中国国家版本馆 CIP 数据核字第 2025W3M954 号

责任编辑：黄　滢　　　　　　　　　　　装帧设计：王晓宇
责任校对：边　涛

出版发行：化学工业出版社（北京市东城区青年湖南街13号　邮政编码100011）
印　　装：北京瑞禾彩色印刷有限公司
710mm×1000mm　1/16　印张10¾　字数195千字　2025年6月北京第1版第1次印刷

购书咨询：010-64518888　　　　　　　　售后服务：010-64518899
网　　址：http://www.cip.com.cn
凡购买本书，如有缺损质量问题，本社销售中心负责调换。

定　　价：69.90元　　　　　　　　　　　版权所有　违者必究

前 言

PREFACE

在科学技术高速发展的当下，人工智能与无人驾驶汽车作为前沿科技领域的佼佼者，正以前所未有的态势深刻变革着我们的生活与未来。

日常与不同背景人群交流时，笔者发现大家虽对人工智能和无人驾驶汽车满怀好奇，却缺乏深入了解。很多人仅通过碎片化的新闻报道获取模糊概念，复杂的技术原理和专业术语让他们望而却步。

身为长期关注并投身科技研究与教育的工作者，笔者也深感有必要将这两项极具变革性的技术，以通俗易懂、生动有趣的方式呈现给广大读者。于是，在化学工业出版社的组织下，特编写了本书。

本书在简要介绍人工智能和无人驾驶汽车基本概念与特点的基础上，力求以"生动形象的语言"和"恰如其分的比喻"，重点阐述人工智能驱动下的无人驾驶汽车相关知识。

全书内容主要包括：

计算机视觉和视频摄像头——无人驾驶汽车的"眼"；

语音识别——无人驾驶汽车的"耳"；

自然语言处理——无人驾驶汽车的"口"；

人机交互和问答——无人驾驶汽车的"血液"；

激光雷达和激光测距器——无人驾驶汽车的"手"；

车联网——无人驾驶汽车的"神经";

精确定位——无人驾驶汽车的"脚";

大数据、机器学习和工控机——无人驾驶汽车的"大脑"。

编写过程中，笔者试图打破技术壁垒，坚守"让知识触手可及"的核心原则，采用动画视频与全彩图解相结合的创新形式进行直观易懂地介绍。动画视频能以动态、直观的方式展示抽象的技术原理和复杂的运行机制。全彩图解则借助精美的图片和简洁的语言文字，清晰呈现具体细节和关键信息，助力读者加深理解。

期望本书能成为连接普通大众与前沿科技的桥梁。无论你是对科技满怀好奇的初学者，还是渴望深入了解这两项技术的专业人士，都能从书中获取有价值的信息和启发，对人工智能和无人驾驶汽车有全新的认识，感受科技的魅力与力量。

科技发展日新月异，人工智能和无人驾驶汽车的未来充满无限可能。让我们一同踏上这场充满惊喜与挑战的科技之旅，共同探索未来的无限可能吧！

由于水平所限，书中难免有疏漏和不妥之处，敬请广大读者批评指正。

编著者

目录

第3章
无人驾驶汽车 035

第4章
计算机视觉和视频摄像头——无人驾驶汽车的"眼"　　061

第5章
语音识别——无人驾驶汽车的"耳"　　071

第8章
激光雷达和激光测距器——无人驾驶汽车的"手" 　　098

第11章
大数据、机器学习和工控机——无人驾驶汽车的"大脑"　143

本书配套动画演示视频清单

序号	动画视频内容	二维码页码
1	什么是人工智能	002
2	弱人工智能	004
3	强人工智能	006
4	人工智能的工作流程	007
5	人工智能的应用场景	009
6	智能交通的概念和特点	016
7	车路云一体化	027
8	数据分析和预测	029
9	信息融合技术	034
10	无人驾驶汽车基本原理与核心技术组成	037
11	无人驾驶汽车总体构造及关键部件	040
12	无人驾驶汽车安全性和可靠性	043
13	计算机视觉与视频摄像头的含义	063
14	计算机视觉系统与视频摄像头的组成和工作原理	067
15	计算机视觉技术与视频摄像头在无人驾驶汽车中的应用	070
16	语音识别的含义	072
17	语音识别技术在无人驾驶汽车中的应用	077
18	自然语言处理的含义	079
19	自然语言处理系统的组成和工作原理	081
20	自然语言处理技术在无人驾驶汽车中的应用	084
21	人机交互和问答系统的含义	088
22	人机交互和问答系统的组成和工作原理	095
23	人机交互和问答技术在无人驾驶汽车中的应用	097
24	激光雷达和激光测距仪的含义	103
25	激光雷达的组成	106
26	激光雷达和激光测距仪在无人驾驶汽车中的应用	110
27	车联网的含义	113
28	车联网系统的组成和工作原理	115
29	车联网技术在无人驾驶汽车中的应用	130
30	精确定位的含义	132
31	精确定位系统的组成和工作原理	133
32	精确定位技术在无人驾驶汽车中的应用	138
33	大数据、机器学习和工控机的含义	144
34	大数据、机器学习系统的组成和工作原理	147
35	大数据、机器学习和工控机技术在无人驾驶汽车中的应用	155

第1章
人工智能概述

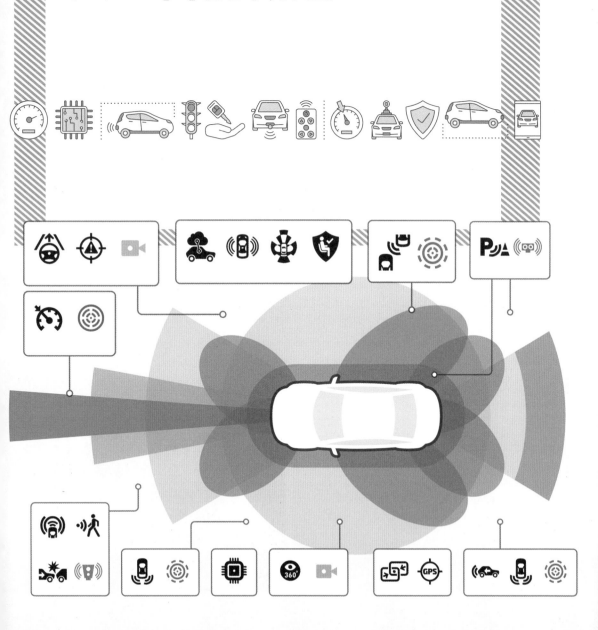

1.1

人工智能的概念

人工智能（artificial intelligence），英文缩写为 AI（图 1-1-1）。它是研究、开发用于模拟、延伸和扩展人的智能的理论、方法、技术及应用系统的一门新的技术科学。

扫一扫
看动画视频

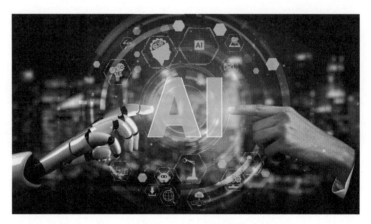

图 1-1-1　人工智能

人工智能是计算机科学的一个分支，它试图了解智能的实质，并生产出一种新的能与人类智能相似的方式做出反应的智能机器。该领域的研究包括机器人、语音识别（图 1-1-2）、图像识别、自然语言处理和专家系统等。

人工智能从诞生以来，理论和技术日益成熟，应用领域也不断扩大，可以设想，未来人工智能带来的科技产品，将会是人类智慧的"容器"。人工智能可以对人的意识、思维的信息过程进行模拟。人工智能不是人的智能，但能像人那样思考（图 1-1-3），也可能超过人的智能。

图 1-1-2　语音识别

图 1-1-3　人工智能思考

1.2
弱人工智能和强人工智能

1.2.1 弱人工智能及其优势

弱人工智能（weak general intelligence，Weak AI）又称"狭义人工智能（artificial narrow intelligence，ANI）""狭义 AI""窄人工智能"，是特定于应用程序或任务的人工智能。

它是一种长执行单一任务的人工智能。例如下围棋、提出购买建议、销售预测、面部识别（图 1-2-1）、语音助手中的语音识别或驾驰汽车和天气预报。尽管语音和图像识别的进步看起来很吸引人，但仍属于狭义的人工智能。甚至百度的翻译引擎，尽管它很复杂，也是一种狭义的人工智能。

弱人工智能可以模拟人或动物（图 1-2-2），智能解决各种问题，包括问题求解、逻辑推理与定理证明、自然语言理解、专家系统、机器学习人工神经网络、机器人学、模式识别、机器视觉等。以深度学习为基础的弱人工智能技术目前在图像识别、语音识别、机器翻译、自然语言处理等方面取得了巨大成功，并大规模市场化。在图像识别领域，基于深度学习的人脸识别、物体识别、行为识别等应用在医疗、交通、教育等行业都有广泛的用途。

弱人工智能的优势如下。

（1）促进更快的决策

弱人工智能有助于更快地做出决策，因为它们处理数据和完成任务的速度比人类快得多（图 1-2-3），因此，它们能够让人们提高整体生产力和效率，从而提高生

图 1-2-1　脸部识别

图 1-2-2　弱人工智能模拟动物

图 1-2-3　处理数据

活质量。

（2）处理枯燥的事情

弱人工智能的发展确保了人类从一些枯燥、例行和平凡的任务中解脱出来。它让人们的日常生活变得更加轻松，从在 Siri（苹果手机智能语音助手）的帮助下在线订购食物，到减少分析大量数据以产生结果的工作。此外，自动驾驶汽车（图 1-2-4）等技

图 1-2-4　自动驾驶汽车

术将人们从长时间堵车的压力和负担中解脱出来，为人们提供了更多的休闲时间来开展所感兴趣的活动。

（3）为开发更智能的人工智能提供了基础

弱人工智能是最终开发更智能的人工智能版本的基础，如通用人工智能和超级人工智能。语音识别使计算机够非常准地将声音转换为文本，而计算机视觉则能等对视频流中的对象进行识别和分类。目前，谷歌正在使用人工智能为数百万个 YouTube（优酷）视频添加字幕。

自动驾驶汽车"情感人工智能"如图 1-2-5 所示。该系统可以学习非语言的细微差别（感觉、情绪），并提示昏昏欲睡的卡车司机在驾驶时保持警惕并集

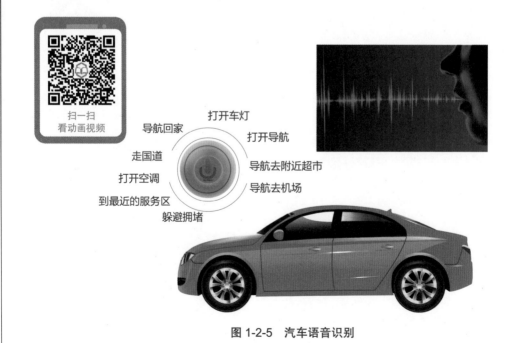

扫一扫
看动画视频

图 1-2-5　汽车语音识别

中注意力。所有这些基础技术只是为未来具有自我意识和意识的人工智能版本铺平了道路。

（4）更好地完成单一任务

狭义的人工智能系统可以比人类更好地执行单个务。例如，在制造工厂使用的预测维护系统（图1-2-6），该系统实时收集和分析传入的传感器数据，以预测机器是否将发生故障，自动完成这项任务，整个过程要快得多，就速度和准确度而言，个人或一群人几乎不可能与之匹敌。

图 1-2-6　预测维护系统

1.2.2　强人工智能及其特点

强人工智能（strong AI）也称为通用人工智能（artificial general intelligence，AGI），是指拥有人类智能水平的人工智能系统。它不仅可以像当前的 AI 系统一样完成特定任务，而且可以像人类一样具有推理、学习、理解语言、理解情感等综合能力（图1-2-7）。

强人工智能的特点如下。

（1）自主意识

强人工智能能够表现出生命体的自主意识，如感知环境、设定目标和执行决策（图1-2-8）。

图 1-2-7　强人工智能

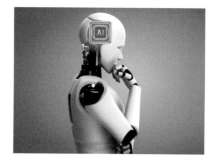

图 1-2-8　自主意识

（2）自我学习和进化

它能够从经验中学习并在必要时进化自己的性能（图1-2-9）。

（3）自主制定计划和目标

强人工智能有能力自主地制订长期计划和短期目标（图 1-2-10）。

图 1-2-9　自我学习和进化　　　　　图 1-2-10　自主制订计划和目标

（4）超人类的思考和创造力

它能够进行复杂的思考和创造性的工作，这些能力远超人类（图 1-2-11）。

扫一扫
看动画视频

图 1-2-11　超人类的思考和创造力

（5）情感体验

强人工智能可能具备情感体验的能力，包括理解和使用语言表达情绪。

1.3
人工智能的工作流程

扫一扫
看动画视频

（1）数据收集和预处理

AI 系统需要从多个数据源收集和预处理数据，包括电子商务网站的用户购买数据，社交媒体平台的用户反馈等（图 1-3-1）。然后，需要对这些数据进行清洗、转换和集成，以便为后续步骤提供可靠的输入。

（2）特征工程

特征工程是一个重要的步骤，因为它定义了输入数据如何被 AI 系统理解。此步骤通常涉及数据转换、特征选择、特征提取（图 1-3-2）和特征评估等任务。通过这些技术，可以从原始数据中提取出有意义的特征，以便 AI 系统更准确地识别和理解输入数据。

图 1-3-1　数据收集

图 1-3-2　特征提取

（3）模型训练

定义特征和算法后，就可以开始训练 AI 模型了。模型训练（图 1-3-3）通常涉及训练数据和测试数据的使用，通过模型不断的迭代优化，直至达到预期的精度。同时，需要注意模型的精度、偏差和方差等因素，以保证模型的准确性和稳定性。

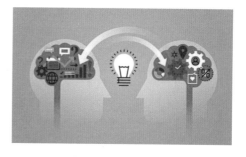

图 1-3-3　模型训练

（4）模型评估和优化

模型评估是在模型训练完成后进行的。它用于评估模型在新的数据集上的性能。评估的指标包括精度、召回率、F1分数和混淆矩阵等。可以使用不同的指标评估模型在不同领域中的性能。模型评估可以帮助人们确定模型是否满足需求，并在必要时进行调整和优化。

（5）模型部署

模型经过评估和优化后就可以开始部署。需要将模型部署到生产环境中，并确保它能够在实际场景中正常工作。部署模型可能需要一些技术，例如模型压缩、模型转换和部署环境的配置等。

（6）模型监控和维护

模型监控和维护是一个重要的步骤。它包括模型的性能监控、特征监测、模型更新的监控等。这些任务有助于确保模型能够不断地适应新的数据和环境变化。

1.4
人工智能的应用场景

1.4.1　交通运输

（1）智能物流

所有流动运输中的设备都通过智能标签发送定位信息、设备标识码、状态到物联网中，以便统一调度和指挥（图1-4-1）。

智能物流系统是在智能交通系统和相关信息技术的基础上，以电子商务方式运作的现代物流服务体系。

智能物流系统是指通过智能交通系统和相关信息技术解决物流作业的实时信息采集，并在一个集成的环境下，对采集的信息进行分析

图1-4-1　智能标签发送定位信息

和处理，通过在各个物流环节中的信息传输，为物流服务提供商和客户提供详尽的信息及咨询服务的系统（图1-4-2）。

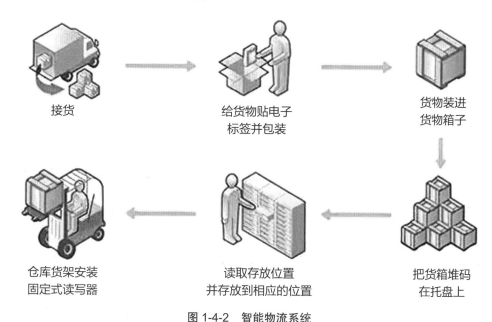

图 1-4-2　智能物流系统

智能物流系统包括物流运输机器人（图1-4-3）（无人机、无人驾驶快递汽车）、物流导航、控制、调度。

扫一扫
看动画视频

图 1-4-3　物流运输机器人

（2）智能交通系统

智能交通系统是指将先进的信息技术、通信技术、传感技术、控制技术以及计算机技术等有效地集成运用于整个交通运输管理体系，而建立起的一种在大范围内、全方位发挥作用的，实时、准确、高效的综合的运输和管理系统（图1-4-4）。

图 1-4-4　智能交通系统

　　智能交通系统的应用范围包括机场、车站客流疏导系统，城市交通智能调度系统（图 1-4-5），高速公路智能调度系统，运营车辆调度管理系统，机动车自动控制系统等。

　　无人驾驶汽车：特斯拉。

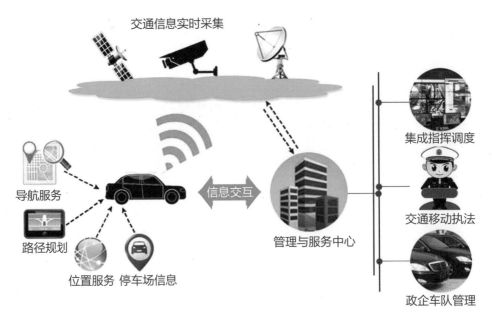

图 1-4-5　城市交通智能调度系统

（3）智能快递

智能快递分拣系统（图1-4-6）、智能快递柜。

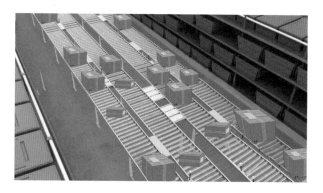

图1-4-6 智能快递分拣系统

1.4.2 安全系统

安防监控：对地铁轨道与隧道进行智能巡检（图1-4-7）。集成钢轨及锁扣缺陷检测、钢轨内部缺陷检测、车辆限界检测、隧道环境异常检测、接触网缺陷检测、轨距检测六大功能。

图1-4-7 地铁轨道与隧道巡检机器人

1.4.3 社会交流

（1）人机互动

图灵机器人、棋牌机器人（图1-4-8）、主持机器人、语音翻译机器人。

（2）智能创作

新闻稿件写作、音乐（图1-4-9）、绘画。

图 1-4-8　棋牌机器人

图 1-4-9　音乐

1.4.4　服务系统

（1）服务机器人

家庭服务早教机器人、儿童乐高机器人（图 1-4-10）、伴侣、早教、家务、马桶、医疗保健、远程监控、盲人导航。

（2）智能家居

炒菜机器人（图 1-4-11）、扫地机器人、家庭背物机器人、室内送物机器人。

图 1-4-10　儿童乐高机器人

图 1-4-11　炒菜机器人

1.4.5　工业机器人

（1）智能检测

人工智能就是神经网络，AI 芯片（图 1-4-12）就是神经网络芯片。人工智能整体核心基础能力显著增强，智能传感器技术产品实现突破，设计、代工、封测技术达到国际水平，神经网络芯片实现量产并在重点领域实现规模化应用，开源开发平台初步具备支撑产业快速发展的能力。

（2）自动化机器人

工程挖掘机器人、水下机器人（图1-4-13）、航拍无人机、农业喷淋农药无人机，装卸机器人、水下打捞机器人、生命探测机器人、地下钻井机器人。

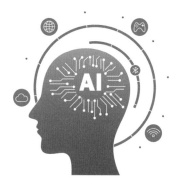

图1-4-12　AI芯片

图1-4-13　水下机器人

1.4.6　智能围棋手

阿尔法狗（AlphaGo）是第一个击败人类职业围棋选手、第一个战胜围棋世界冠军的人工智能程序，由谷歌（Google）旗下DeepMind公司戴密斯·哈萨比斯领衔的团队开发，其主要工作原理是"深度学习"（图1-4-14）。

1.4.7　智能教育

机器人保育员、机器人讲课员（图1-4-15）、机器人教师。

图1-4-14　智能围棋手

图1-4-15　机器人讲课员

1.4.8　智能穿戴

智能手机、智能眼镜（图1-4-16）、智能背包。

图1-4-16　智能眼镜

1.4.9　仿人通用机器人

如果采用仿人通用机器人与自动化设备配合的方式，那么实现高度无人化的难度和成本就会大幅度降低。

如果仿真肌肉、仿真手脚、仿真大脑等技术开发出来，那么高度无人化社会就会到来，所以AI的另一个重要应用方向就是仿人通用机器人（图1-4-17）。

如果仿人通用机器人学习了驾驶技术，那么现在的汽车不经任何改动就可以实现无人（机器人）驾驶（图1-4-18）。

图1-4-17　仿人通用机器人

图1-4-18　机器人驾驶

第2章
人工智能驱动下的
新型智能交通

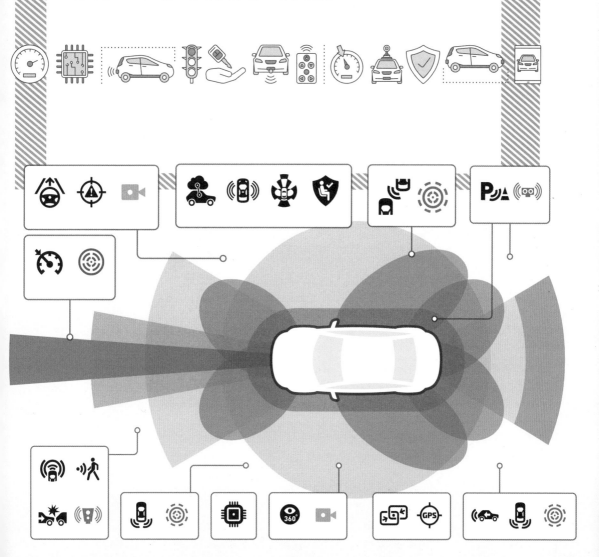

2.1
智能交通系统概述

2.1.1 智能交通系统的概念

　　智能交通系统（intelligent traffic system，ITS）又称智能运输系统（intelligent transportation system），是将先进的科学技术（信息技术、计算机技术、数据通信技术、传感器技术、电子控制技术、自动控制理论、运筹学、人工智能等）有效地综合运用于交通运输、服务控制和车辆制造，加强车辆、道路、使用者三者之间的联系，从而形成一种保障安全、提高效率、改善环境、节约能源的综合运输系统（图 2-1-1）。

图 2-1-1 智能交通系统

2.1.2 智能交通系统的应用范围

　　机场、车站客流疏导系统，城市交通智能调度系统，高速公路智能调度系统，运营车辆调度管理系统，机动车自动控制系统等（图 2-1-2）。

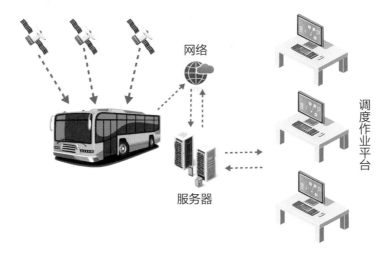

图 2-1-2　公交智能调度系统

2.1.3　智能交通系统的特点

　　智能交通系统具有两个特点：一是交通信息的广泛应用与服务；二是提高既有交通设施的运行效率（图 2-1-3）。

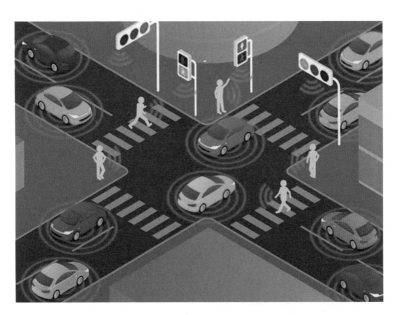

图 2-1-3　提高既有交通设施的运行效率

与一般技术系统相比，智能交通系统建设过程中的整体性要求更加严格，这种整体性体现在以下方面。

❶ 跨行业特点。智能交通系统建设涉及众多行业领域，是社会广泛参与的复杂、巨型系统工程，从而造成复杂的行业间协调问题。

❷ 技术领域特点。智能交通系统综合了交通工程、信息工程、通信技术、控制工程、计算机技术等众多科学领域的成果，需要众多领域的技术人员共同协作。

❸ 政府、企业、科研单位及高等院校共同参与，恰当的角色定位和任务分担是系统有效展开的重要前提条件。

2.1.4　智能交通系统的组成

（1）先进的交通信息服务系统（ATIS）

ATIS 是建立在完善的信息网络基础上的。交通参与者通过装备在道路上、车上、换乘站上、停车场上以及气象中心的传感器和传输设备，向交通信息中心提供各地的实时交通信息；ATIS 得到这些信息并通过处理后，实时向交通参与者提供道路交通信息、公共交通信息、换乘信息、交通气象信息、停车场信息以及与出行相关的其他信息；出行者根据这些信息确定自己的出行方式、选择路线。更进一步，当车上装备了自动定位和导航系统时，该系统可以帮助驾驶员自动选择行驶路线（图 2-1-4）。

图 2-1-4　先进的交通信息服务系统

（2）先进的交通管理系统（ATMS）

ATMS 有一部分与 ATIS 共用信息采集、处理和传输系统，但是 ATMS 主要是给交通管理者使用的，用于检测控制和管理公路交通，在道路、车辆和驾驶员之间提供通信联系。它将对道路系统中的交通状况、交通事故、气象状况和交通环境进行实时的监视，依靠先进的车辆检测技术和计算机信息处理技术，获得有关交通状况的信息，并根据收集到的信息对交通进行控制，如信号灯、发布诱导信息、道路管制、事故处理与救援等（图 2-1-5）。

图 2-1-5　先进的交通管理系统

（3）先进的公共交通系统（APTS）

APTS 的主要目的是采用各种智能技术促进公共运输业的发展，使公交系统实现安全便捷、经济、运量大的目标。如通过个人计算机、闭路电视等向公众就出行方式和事件、路线及车次选择等提供咨询，在公交车站通过显示器向候车者提供车辆的实时运行信息。在公交车辆管理中心，可以根据车辆的实时状态合理安排发车、收车等计划，提高工作效率和服务质量（图 2-1-6）。

图 2-1-6　先进的公共交通系统

（4）先进的车辆控制系统（AVCS）

AVCS 的目的是开发帮助驾驶员实行本车辆控制的各种技术，从而使汽车行驶安全、高效。AVCS 包括对驾驶员的警告和帮助，障碍物避免等自动驾驶技术（图 2-1-7）。

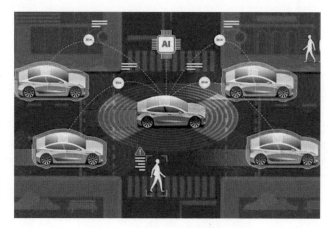

图 2-1-7　先进的车辆控制系统

（5）货运管理系统

这里指以高速道路网和信息管理系统为基础，利用物流理论进行管理的智能化的物流管理系统。综合利用卫星定位、地理信息系统、物流信息及网络技术有效组织货物运输，提高货运效率（图 2-1-8）。

图 2-1-8　货运管理系统

（6）电子收费系统（ETC）

ETC 是目前世界上最先进的路桥收费方式。通过安装在车辆挡风玻璃上的车载器与在收费站 ETC 车道上的微波天线之间的微波专用短程通信，利用计算机联网技术与银行进行后台结算处理，从而达到车辆通过路桥收费站不需停车而能交纳路桥费的目的，且所交纳的费用经过后台处理后清分给相关的收益业主。在现有的车道上安装电子不停车收费系统，可以使车道的通行能力提高3～5倍（图2-1-9）。

图 2-1-9　电子收费系统

（7）紧急救援系统（EMS）

EMS 是一个特殊的系统，它的基础是 ATIS、ATMS 和有关的救援机构及设施，通过 ATIS 和 ATMS 将交通监控中心与职业的救援机构连成有机的整体，为道路使用者提供车辆故障现场紧急处置、拖车、现场救护、排除事故车辆等服务。具体包括以下内容。

❶ 车主可通过电话、短信、翼卡车联网三种方式了解车辆具体位置和行驶轨迹等信息。

❷ 车辆失盗处理：此系统可对被盗车辆进行远程断油锁电操作并追踪车辆位置。

❸ 车辆故障处理：接通救援专线，协助救援机构展开援助工作。

❹ 交通意外处理：此系统会在 10 秒后自动发出求救信号，通知救援机构进行救援（图 2-1-10）。

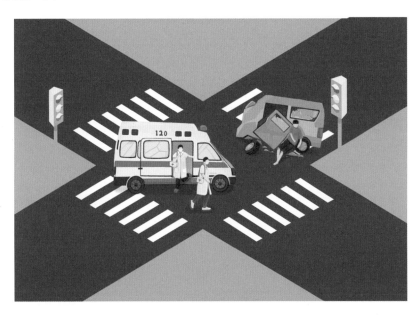

图 2-1-10　紧急救援

2.2
车路云一体化

2.2.1 车路云一体化系统定位

车路云一体化融合控制系统（system of coordinated control by vehicle-road-cloud integration，SCCVRCI），是利用新一代信息与通信技术，将人、车、路、云的物理层、信息层、应用层连为一体，进行融合感知、决策与控制，可实现车辆行驶和交通运行安全、效率等性能综合提升的一种信息物理系统，也可称为"智能网联汽车云控系统"，或简称"云控系统"（图2-2-1）。

图 2-2-1 车路云一体化融合控制系统

2.2.2 车路云一体化融合控制系统架构

云控系统是一个复杂的信息物理系统，该系统由网联式智能汽车与其他交通参与者、路侧基础设施、云控基础平台、云控应用平台、保证系统发挥作用的相关支撑平台以及贯穿整个系统各个部分的通信网六个部分组成（图2-2-2）。

车辆及其他交通参与者的信息既可以由路侧基础设施采集和处理后上传云控基础平台，也可以由无线通信网直接上传云控基础平台。

云控基础平台结合地图、交管、气象和定位等平台的相关数据，对汇聚于云控基础平台的车辆和道路交通动态信息按需进行综合处理后，以标准化分级共享的方式支撑不同时延要求下的云控应用需求，从而形成面向智能网联汽车产业实际应用的云控平台，为车辆增强安全、节约能耗以及提升区域交通效率提供服务（图2-2-3）。

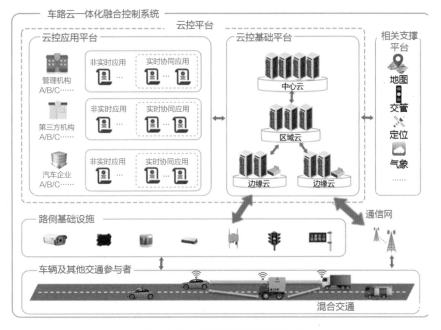

图 2-2-2　云控系统架构及组成

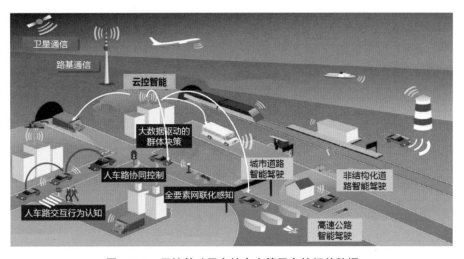

图 2-2-3　云控基础平台结合交管平台的相关数据

　　企业、机构及政府相关部门已有交通／智能网联汽车服务平台，通过云控基础平台无须追加基础设施建设，即可便捷地获得更为全面的交通基础数据以提升其服务。

　　在整个云控系统架构中，通信网根据各个部分之间标准化信息传输与交互的要求，将各个组成部分以安全、高效和可靠的方式有机联系在一起，保障云控系统成为逻辑协同、物理分散、可支撑智能网联汽车产业发展的信息物理系统。

2.2.3 车路云一体化云控基础平台

云控基础平台由边缘云、区域云与中心云三级云组成，形成逻辑协同、物理分散的云计算中心。云控基础平台以车辆、道路、环境等实时动态数据为核心，结合支撑云控应用的已有交通相关系统与设施的数据，为智能网联汽车与产业相关部门和企业提供标准化共性基础服务（图 2-2-4）。其中：

❶ 边缘云主要面向网联汽车提供增强行车安全的实时性与弱实时性云控应用基础服务。

云控基础平台

中心云

交通大数据价值提升	全局道路交通态势感知	……

标准化分级共享接口

领域大数据分析标准件

计算引擎	数据仓库	大数据分析

云-云网关

云虚拟化管理平台

云环境基础设施（计算/存储/网络）

区域云

路网交通智能管控	道路设施智能管控	……
路网实时态势感知	道路实时态势感知	行车路径引导

标准化分级共享接口

协同决策标准件	协同控制标准件	交通动态管控标准件
计算引擎	大数据储存	大数据分析
路-云网关	车-云网关	云-云网关

云虚拟化管理平台

云环境基础设施（计算/存储/网络）

边缘云

远程驾驶	辅助驾驶	安全预警	……

标准化分级共享接口

融合感知标准件	协同决策标准件	协同控制标准件
计算引擎		高速缓存
路-云网关	车-云网关	云-云网关

轻量级云虚拟化管理平台

轻量级基础设施（内存计算/网络）

安全保障体系

相关平台（地图等）

智能网联汽车/路侧感知设施/通信设施

图 2-2-4 云控基础平台总体框架

❷ 区域云主要面向交通运输和交通管理部门提供弱实时性或非实时性交通监管、执法等云控应用的基础服务，并面向网联汽车提供提升行车效率和节能性的弱实时性服务。

❸ 中心云主要面向交通决策部门、车辆设计与生产企业、交通相关企业及科研单位，提供宏观交通数据分析与基础数据增值服务。三者服务范围依次扩大，后一级统筹前一级，服务实时性要求逐渐降低，但服务范围逐步扩大。

三级分层架构有利于满足网联应用对实时性与服务范围的各级要求。

2.2.4 车路云一体化云控应用平台

云控应用主要包括增强行车安全和提升行车效率与节能性的智能网联驾驶应用，提升交通运行性能的智能交通应用，以及车辆与交通大数据相关应用。

根据云控应用对传输时延要求的不同，可以分为实时协同应用和非实时协同应用。

云控应用是企业云控应用平台的核心功能。既有的企业云控应用平台多为各类企业或相关单位根据各自需求建设而成。

而在云控基础平台之上建设的云控应用平台是面向智能网联汽车有效整合人－车－路－云信息，结合 V2X 和车辆远程控制技术，通过"端、边、云"协同，实现车辆行驶性能提升与运营全链路精细化管理的协同管控平台（图2-2-5）。

图 2-2-5　车路协同系统（V2X）

2.2.5 车路云一体化路侧基础设施

云控系统的路侧基础设施通常布置于路侧杆件上，主要包括路侧单元（RSU）、路侧计算单元（RCU）和路侧感知设备（如摄像头、毫米波雷达、激光雷达）、交通信号设施（如红绿灯）等，以实现车路互联互通、环境感知、局部辅助定位、交通信号实时获取等功能（图 2-2-6）。

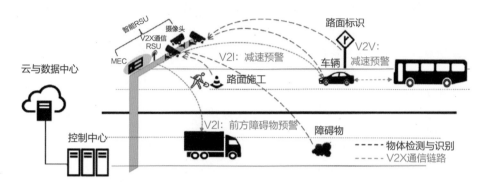

图 2-2-6　路侧感知设备

2.2.6　车路云一体化通信网

云控系统的通信网包括无线接入网、承载网和核心网等。云控系统集成异构通信网络，使用标准化通信机制，实现智能网联汽车、路侧设备与三级云的广泛互联通信。无线接入网提供车辆与周边环境的多样化通信能力，实现车与路侧基础设施通信（V2I）、车间直通通信（V2V）、车与人通信（V2P）、车与网络（V2N）/ 边缘云的通信。路侧设备与云控基础平台各级云由多级有线网络承载（图 2-2-7）。

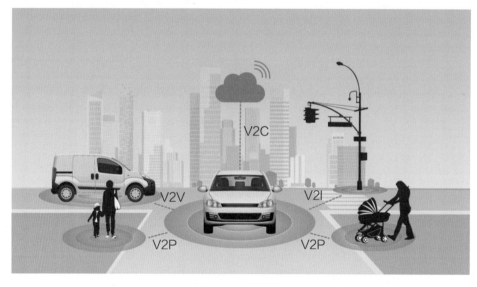

图 2-2-7　通信网

云控系统利用 5G、软件定义网络、时间敏感网络、高精度定位网络等先进通信技术手段实现互联的高可靠性、高性能与高灵活性（图 2-2-8）。

图 2-2-8 5G 网络

扫一扫
看动画视频

2.2.7 车路云一体化车辆及其他交通参与者

云控系统的车辆包括网联辅助信息交互（1级）（图 2-2-9）、网联协同感知（2级）、网联协同决策与控制（3级）三种不同网联化1车辆，以及应急辅助（0级）、部分驾驶辅助（1级）、组合驾驶辅助（2级）、有条件自动驾驶（3级）、高度自动驾驶（4级）、完全自动驾驶（5级）等不同驾驶自动化等级车辆。

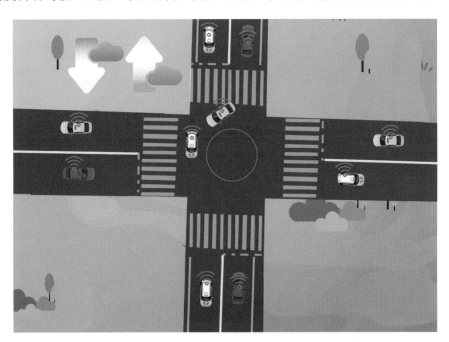

图 2-2-9 车辆信息交互

2.2.8 车路云一体化相关支撑平台

相关支撑平台是提供云控应用运行所需其他数据的专业平台，包括高精动态地图、地基增强定位平台、气象预警平台（图2-2-10）以及交通路网监测与运行监管平台等。

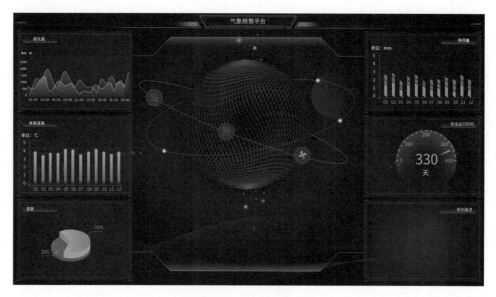

图 2-2-10　气象预警平台

其中，高精动态地图是云控系统提供动态基础数据服务的主要载体，通过高精度动态地图平台提供的地图引擎，基于动态基础数据可为云控基础平台提供实时更新的动态状态数据；地基增强定位平台是利用GNSS卫星高精度接收机，通过地面基准站网，利用卫星、移动通信、数字广播等播发手段，在服务区域内可为云控基础平台提供1～2米、分米级和厘米级实时高精度导航定位服务（图2-2-11）。

气象预警平台通过道路沿线布设的气象站设备采集并识别能见度、雨量、风向、雷暴、大雾（团雾）等气象信息，可为云控基础平台提供实时天气状况。

交通路网监测与运行监管平台可为云控基础平台提供路政、养护、服务区以及紧急事件等实时信息。

图 2-2-11　高精动态地图

2.3
数据分析和预测

（1）数据收集

在智能交通系统中，数据收集是实现交通数据分析与预测的基础。通过各种传感器、视频监控等设备，可以获取到大量的交通数据，包括车流量、速度、车道使用情况等。其中，车流量是交通数据中最基本的指标之一，它可以反映交通的拥堵程度，进而用于交通调度和路况预测。通过路面感应器、CCTV 等设备，可以实时采集到车流量数据，并将其存储在数据库中，为后续的数据分析与预测提供基础数据（图 2-3-1）。

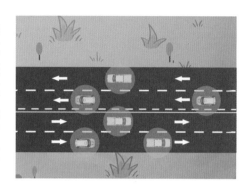

图 2-3-1　实时采集到车流量数据

（2）数据分析

数据分析是对交通数据进行统计与处理的过程。通过对交通数据的统计与处理，可以发现数据的规律和趋势，为交通管理部门提供依据，以制定有效的交通政策和管理措施。例如，通过对历史车流量数据的分析，可以发现每天的交通高峰期，从而提前做好交通组织和调度准备，以应对交通拥堵情况。同时，数据分析还可以帮助人们了解不同地区、不同时间段的交通状况，为智能交通系统提供更精确的路况信息（图 2-3-2）。

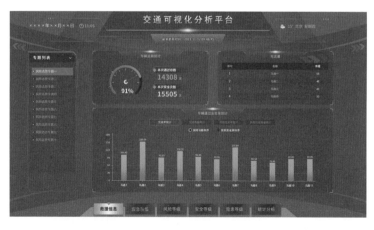

扫一扫
看动画视频

图 2-3-2　对交通数据进行处理与分析

在数据分析过程中，可以使用各种数据挖掘与机器学习算法，以发现数据中的隐藏模式和关联规律。例如，通过聚类算法可以将车辆按照车速进行分组，从而对不同车速区间的交通状况进行分析。而通过关联规则挖掘算法，可以找出交通数据中的相互关系，如车道切换与车流量增加之间的关联等。这些数据分析技术的应用，可以提高对交通数据的利用效率，从而更好地为智能交通系统的管理与决策提供支持。

（3）数据预测

数据预测是指通过对历史交通数据进行分析，以预测未来交通状况和趋势的技术。通过对历史车流量、速度等数据的建模与分析，可以预测未来交通拥堵情况，为交通管理部门提供决策依据。例如，可以通过时间序列分析方法，建立交通流量预测模型，进而预测未来几小时、几天乃至几周的交通状况，从而更好地指导交通调度和路况预测工作。此外，数据预测还可以帮助交通管理部门评估不同交通政策和管理措施的效果，为优化交通系统提供参考（图2-3-3）。

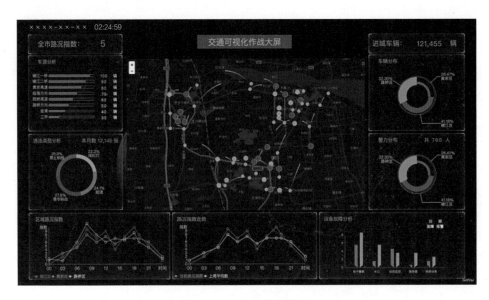

图 2-3-3　交通数据预测

在数据预测过程中，可以运用一些常见的时间序列预测算法，如 ARIMA 模型、灰色预测模型等。这些算法可以根据历史数据的规律性和趋势性，推断出未来的交通状况。同时，还可以借助机器学习算法，如神经网络模型、支持向量机等，以提高预测的准确性和精度。

2.4

信息融合技术

2.4.1 交通运行与管控

在交通运行环节，运用多信息融合技术集成各类智能交通设备信息，通过路口交通的全息感知和控制、诱导、检测设备的协同联动，实现以路口为单元的交通智能控制诱导和运行智能监测（图 2-4-1）。

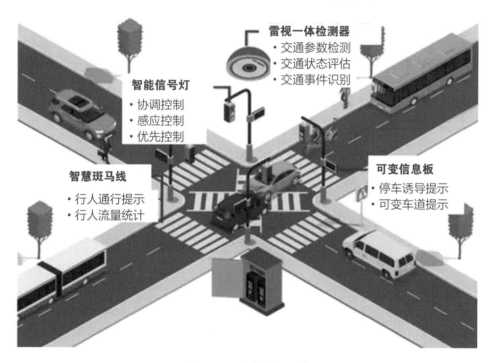

雷视一体检测器
· 交通参数检测
· 交通状态评估
· 交通事件识别

智能信号灯
· 协调控制
· 感应控制
· 优先控制

智慧斑马线
· 行人通行提示
· 行人流量统计

可变信息板
· 停车诱导提示
· 可变车道提示

图 2-4-1 交通运行环节

在交通管控层面，丰富的人流、车流、环境信息，为交通事件的识别以及控制方案的优化提供了有力的数据支撑（图 2-4-2）。

在发生交通事故、突发拥堵时，通过视频检测快速分析车辆行为，同时结合设备点位信息和上下游路段的交通流运行情况，分析拥堵态势，并优化路口信号配时。

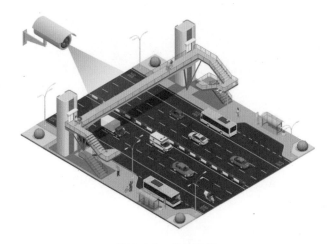

图 2-4-2 车流监控

2.4.2 优化信号控制与车路协同

在优化信号控制的同时，基于对事故影响的分析，主动推送精准、可靠的行车诱导信息（图 2-4-3），尽可能减轻事故路段的交通压力。

图 2-4-3 主动推送精准、可靠的行车诱导信息

在车路协同的体系下，通过 V2X 实现协同感知，将有效扩展车辆对周边环境、动态的感知能力。

例如，车辆能够播报车载传感器（摄像头、毫米波雷达、激光雷达等）获得的道路感知信息。

这些额外的信息使网联汽车能够用其他网联汽车的"眼睛"，从而检测到其他隐藏的物体，或更准确地了解其环境中正在发生的事情。

在复杂环境下的路口，协同感知将有效减轻"鬼探头"等因为视线受阻导致的交通事故风险（图 2-4-4）。

图 2-4-4 道路信息同享

道路侧如果也具备传感器（摄像头、毫米波雷达、激光雷达等），通过路侧传感器获得的道路信息也同样可以赋予网联汽车获得更颗粒化的超视距交通态势。

右侧盲区的行人被路侧传感器感知到后将信息发送给网联汽车，提醒车辆提前减速，预防"鬼探头"事故的发生（图 2-4-5）。

图 2-4-5 道路摄像头与车辆交通态势

2.4.3 规划环节

在规划环节，丰富的数据信息利于从多角度、多层次观察城市交通情况，为分析城市空间结构与交通网络、研判出行行为提供了有力的依据。

在分析过程中将数据组织成为信息，从信息中提取特征，依据特征形成判断证据，形成基于证据的决策。从而提升有机融合城市交通战略、政策、规划、建设、管理和控制等技术环节的战略调控过程的决策效果（图 2-4-6）。

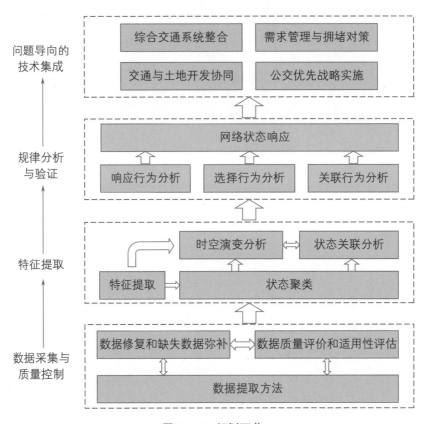

图 2-4-6　规划环节

扫一扫
看动画视频

第3章
无人驾驶汽车

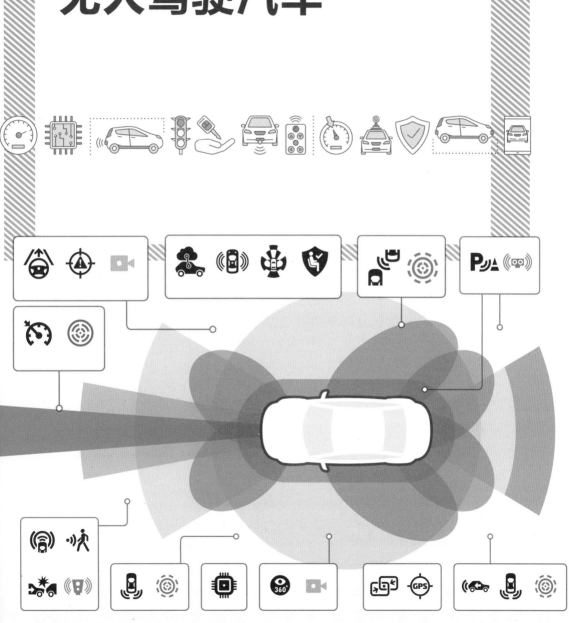

3.1
基本原理与核心技术组成

无人驾驶汽车（图 3-1-1）的工作原理可简单概括为感知 - 决策 - 执行三个步骤，也被称为"三层架构"。无人驾驶汽车通过搭载各种传感器，如雷达、摄像头、激光雷达等，感知周围环境的信息，并利用计算机对这些信息进行处理和理解。

图 3-1-1　无人驾驶汽车

首先，感知层负责感知车辆周围的环境和道路条件（图 3-1-2）。传感器收集到的数据会经过滤波、配准等处理，得到车辆所处的准确位置信息、道路标志、车道线、障碍物等，以便进一步分析和决策。

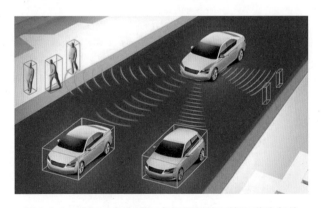

图 3-1-2　感知层负责感知车辆周围的环境和道路条件

接下来，决策层根据感知层提供的数据，以及预先设置的规则和算法，对车辆当前的状态进行分析和判断。决策层会基于这些信息做出相应的决策，如选择合适的行驶速度、转向角度、跟随路径等。这个过程通常包括路径规划、障碍物避难、交通规则遵守等。

最后,执行层负责将决策层的结果转化为具体的车辆动作。执行层通过控制车辆的发动机、转向系统、制动系统等,实现真正的驾驶操作。这个过程需要高度精准的实时控制,以确保车辆能够安全行驶(图 3-1-3)。

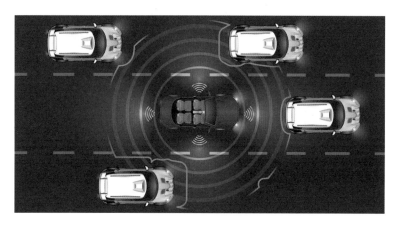

图 3-1-3　无人驾驶车辆

3.1.1　感知技术

感知技术是无人驾驶汽车最基础、最关键的技术之一。通过搭载多种传感器(图 3-1-4),如照相机、激光雷达、超声波传感器等,车辆能够感知到周围的环境和道路条件。这些传感器能够获取到车辆前方的障碍物、车道线、交通标志等信息,为后续的决策和行动提供数据支持。目前,感知技术正不断演进,以提高感知的准确性和鲁棒性。

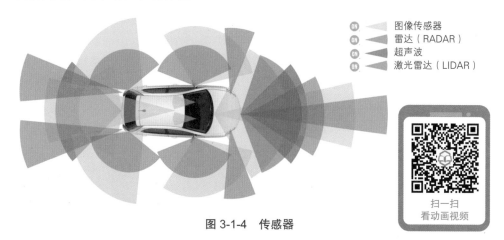

图像传感器
雷达(RADAR)
超声波
激光雷达(LIDAR)

扫一扫
看动画视频

图 3-1-4　传感器

3.1.2 决策与规划技术

决策与规划技术是无人驾驶汽车实现自主行驶的核心。它通过将感知到的环境信息与预先设置的规则和算法相结合，对车辆的行驶状态进行分析和判断，并做出相应的决策。这个过程涉及路径规划、障碍物避让、交通规则遵守等，需要综合考虑安全性、效率性和用户体验等因素（图 3-1-5）。

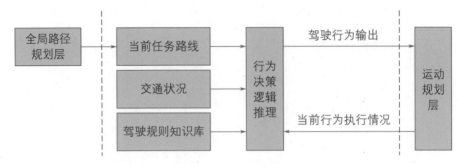

图 3-1-5　行为决策

3.1.3 控制与执行技术

控制与执行技术是将决策层的结果转化为具体车辆动作的关键。它通过控制车辆的发动机、转向系统、制动系统等，实现车辆的加速、转弯、制动等操作。这个过程需要高度精准的实时控制，以保证车辆能够按照预定的决策进行驾驶，并确保行驶的安全性和稳定性（图 3-1-6）。

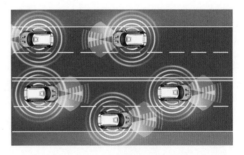

图 3-1-6　无人驾驶汽车加速

3.1.4 人机交互技术

人机交互技术是无人驾驶汽车实现与人类驾驶员、乘客、其他交通参与者进行良好交互的关键。通过合理设计的界面和交互方式，无人驾驶汽车能够向乘客传递车辆状态信息，并接收乘客的指令和需求，提升行驶的舒适性和人性化体验。同时，人机交互技术还能够使其他交通参与者更好地理解无人驾驶汽

图 3-1-7　无人驾驶汽车人机交互

车的行为意图，提高交通安全性（图 3-1-7）。

3.1.5　安全保障技术

　　无人驾驶汽车作为一项关乎人身安全的技术，安全保障显得尤为重要。无人驾驶汽车的安全保障技术主要包括故障容错和纠错能力的提升、安全感知与应对能力的增强、通信安全防护等方面。这些技术的应用，能够大大降低无人驾驶汽车在意外情况下交通事故的风险，保护乘客和其他道路使用者的生命财产安全（图 3-1-8）。

图 3-1-8　无人驾驶汽车安全感知

3.2
总体构造及关键部件

　　无人驾驶汽车由车、线控系统、传感器、计算单元等组成。车作为无人驾驶的载体，是无人驾驶车最基础的组成部分（图 3-2-1）。

图 3-2-1　无人驾驶汽车的构造

除了车本身之外，还需要车上安装有线控系统。有别于传统汽车通过机械传动的方式控制汽车，线控系统通过电信号来控制汽车。

无人驾驶汽车还配备了数目众多的传感器，包括激光雷达、摄像机、毫米波雷达、超声波雷达、GPS、IMU等。传感器是无人驾驶汽车的"眼睛"，负责感受外部环境。计算单元则是无人驾驶汽车的"大脑"，传感器获取的信息经过计算单元的计算之后，输出一条可以供汽车安全行驶的轨迹，控制汽车行驶。

3.2.1　车

传统汽车由发动机、底盘、中控系统和车身等组成（图3-2-2）。无人驾驶汽车的车身部分和传统汽车几乎没有区别，只是在传统汽车的基础上，安装了汽车线控系统。

扫一扫
看动画视频

车身
发动机
底盘
中控系统

图 3-2-2　车辆组成

电动车比燃油车更加适合做自动驾驶。

❶ 电动车比燃油车的反应时间更短。普通燃油车通过机械控制的方式，普遍的延迟在200ms左右，而电动车的控制响应时间不到20ms。对比燃油车来说，电动车更容易控制，响应时间也更短。

❷ 电动车能够直接提供无人驾驶汽车所需要的电源。燃油车则需要通过发动机发电，效率转换比较低，同时提供不了大功率的电源输出。除此之外，燃油车还要额外提供UPS设备保障电源供应，而电动车不存在这些问题。

❸ 电动车比燃油车具有先天优势。由于电动车目前还在发展阶段，可以进行全新的设计，而燃油车已经非常成熟，设计和改造有着很多限制。

3.2.2　线控系统

传统汽车是通过机械传动的方式对汽车进行转向、油门和刹车等的控制，而线控系统是通过电信号对汽车进行转向、油门和刹车等的控制。电脑能够更好地控制电信号。

线控系统省去了机械传动的延迟，通过电脑可以更加快速地控制汽车，并且一些辅助驾驶任务也需要线控系统来完成，例如定速巡航、自动避障、车道保持等（图 3-2-3）。

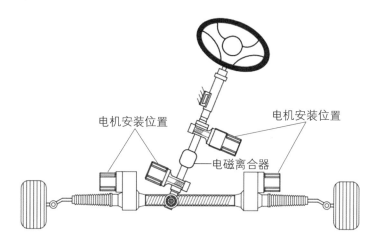

图 3-2-3　线控转向（SBW）

线控系统从功能上可以分为以下 4 个部分。

❶ 线控油门，通过电信号控制汽车油门大小。

❷ 线控刹车，通过电信号控制汽车制动。

❸ 线控转向，通过电信号控制汽车转向角度。

❹ 线控挡位，通过电信号控制汽车挡位。

线控系统一方面需要接收无人驾驶汽车发出的控制指令，另一方面要把指令执行的结果和车辆的状态反馈给无人驾驶汽车。

无人驾驶汽车输出给线控系统的信息如下。

❶ 油门、刹车、转向等的控制信号。

❷ 挡位信号。

❸ 车灯、雨刷器等的控制信号。

线控系统反馈给无人驾驶汽车的信息如下。

❶ 命令执行的结果。

❷ 底盘状态。

❸ 底盘详细信息。

线控系统需要能够及时响应控制命令，响应时间是指从无人驾驶汽车发出控制命令到汽车执行完成的时间，如果响应时间太长或者响应时间不稳定，会影响无人驾驶汽车的控制。线控系统发送的数据帧不能丢失或者出现错误，如果数据帧丢失或者数据帧出错，可能会造成控制失效，这也是不能接受的。

在控制命令出错的情况下，线控系统要提供一系列错误码来通知控制系统，以便控制系统根据错误码获取出错的原因。控制命令越界处理，当控制信号越界的时候线控系统应当拒绝执行，并且进入人工接管模式。当安全员主动控制方向盘、油门或者刹车脚踏板的时候，线控系统能够主动退出无人驾驶模式。

3.2.3　传感器

无人驾驶汽车用到各种各样的传感器（图 3-2-4），这些传感器从功能上划分为 2 类：环境感知和状态感知。

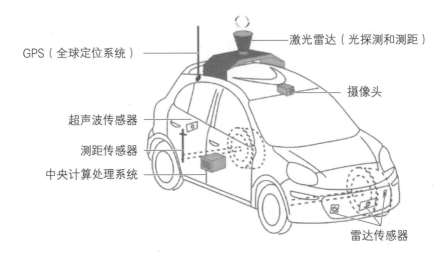

图 3-2-4　传感器

环境感知主要是获取车辆当前所处的环境信息，包括周围的车辆、行人、交通标志、红绿灯、所处的场景（路口交汇处、停车场、高速公路）等。

状态感知主要是获取车辆自身的状态，包括当前车辆的位置、航向角、速度、俯仰角等信息。无人驾驶汽车所用到的传感器包括激光雷达、毫米波雷达、超声波雷达、照相机、GPS、IMU 等。

3.2.4　计算单元

传感器采集到的数据经过计算单元的运算，最后才能转化为控制信号，控制汽车的行驶（图3-2-5）。

无人驾驶汽车运行过程中需

图 3-2-5　计算单元

要处理各种不同类型的任务，所以目前大部分的无人驾驶计算平台都采用了异构平台的设计。无人驾驶汽车在 CPU 上运行操作系统和处理通用计算任务，在 GPU 上运行深度模型感知任务。

无人驾驶操作系统运行在 CPU 上，实现系统调度、进程管理、网络通信等基本功能。还有一部分通用任务也运行在 CPU 上，例如定位的 NDT 算法、卡尔曼滤波和控制相关的算法等。无人驾驶的环境感知算法运行在 GPU 上，目前主流的深度学习框架都支持通过 GPU 来加速运算，特别是一些图像算法。GPU 的性能和无人驾驶汽车感知周围环境的能力息息相关。

3.3
安全性和可靠性

扫一扫
看动画视频

（1）无人驾驶汽车的安全性

无人驾驶汽车在运行过程中，需要保证其行驶的安全性。其中涉及的问题主要有以下几个方面。

❶ 硬件及软件的稳定性和可靠性　无人驾驶汽车需要依托大量的硬件和软件，如传感器、计算机等。这些硬件和软件的稳定性和可靠性是安全性问题的根本。如果硬件或者软件出现故障，将会直接危及行驶安全。因此，如何保证硬件和软件的稳定性和可靠性，是无人驾驶汽车安全性方面需要解决的首要问题（图 3-3-1）。

❷ 防范黑客攻击　无人驾驶汽车的计算机系统可能会因为黑客攻击而陷入瘫痪状态，从而对人身安全产生危害。因此，无人驾驶汽车需要安装完善的网络安全设施，保护车辆的计算机系统不受黑客攻击（图 3-3-2）。

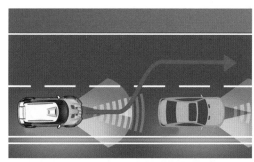

图 3-3-1　硬件及软件的稳定性和可靠性

图 3-3-2　防范黑客攻击

❸ 前瞻性驾驶系统的不确定性　前瞻性驾驶系统是无人驾驶汽车的重要组成部分，可以预测车辆周围环境的变化，做出相应的决策，保证车辆行驶安全（图3-3-3）。但是，受到环境因素和噪声的干扰，前瞻性驾驶系统的预测结果可能存在偏差，可能导致出现安全隐患。

图 3-3-3　前瞻性驾驶系统

（2）无人驾驶汽车的可靠性

无人驾驶汽车的可靠性问题是安全性问题的前置问题。一辆可靠的无人驾驶汽车需要保证以下几个方面。

❶ 能够保持正常的行驶状态　无人驾驶汽车需要保证正常的行驶状态，包括正常启动、正常停车等操作。如果无人驾驶汽车在运行过程中出现异常，将直接影响行驶安全。

❷ 与周围的车辆和行人的协同性　无人驾驶汽车需要与周围的车辆和行人进行协同行驶，避免交通事故的发生。因此，无人驾驶汽车需要搭载较为先进的交通管理系统和通信设施，保证与周围环境的畅通交流。

❸ 技术更新和进化　无人驾驶汽车需要不断升级改进，保持技术更新和进化。新技术的应用将直接提升无人驾驶汽车的可靠性和安全性，同时需要不断地加强技术更新的研究和应用。

3.4
相关法律法规

以《深圳经济特区智能网联汽车管理条例》（以下简称"本条例"）为例。

第一章 总则

第一条 为了规范智能网联汽车（图3-4-1）应用，保护人身安全，保护公民、法人及其他组织的财产安全和其他合法权益，保障道路交通安全，促进智能网联汽车产业高质量、可持续发展，根据法律、行政法规的基本原则，结合深圳经济特区实际，制定本条例。

第二条 深圳经济特区范围内智能网联汽车的道路测试和示范应用、准入和登记、使用管理等相关活动适用本条例。

第三条 本条例所称智能网联汽车，是指可以由自动驾驶系统替代人的操作在道路上安全行驶的汽车，包括有条件自动驾驶、高度自动驾驶和完全自动驾驶三种类型（图3-4-2）。

有条件自动驾驶，是指自动驾驶系统可以在设计运行条件下完成动态驾驶任务，在自动驾驶系统提出动态驾驶任务接管请求时，驾驶人应当响应该请求并立即接管车辆。

高度自动驾驶，是指自动驾驶系统可以在设计运行条件下完成所有动态驾驶任务，在特定环境下自动驾驶系统提出动态驾驶任务接管请求时，驾驶人应当响应该请求并立即接管车辆。

完全自动驾驶，是指自动驾驶系统可以完成驾驶人能够完成的所有道路环境下的动态驾驶任务，不需要人工操作（图3-4-3）。

本条例所称车路协同基础设

图 3-4-1 智能网联汽车（一）

图 3-4-2 智能网联汽车（二）

图 3-4-3 无人驾驶汽车（完全自动驾驶）

施，是指通过车与路、车与车的无线信息交互共享，实现车辆与道路基础设施之间、车辆与车辆之间协同控制的相关基础设施。

第四条 智能网联汽车管理应当遵循依法有序、严格监管、安全可控的原则，结合技术发展态势、标准规范、基础设施以及其他相关因素，对不同发展阶段的智能网联汽车采取相适应的管理措施。

图 3-4-4 从事道路运输经营活动

第五条 智能网联汽车列入国家汽车产品目录或者深圳市智能网联汽车产品目录，并取得相关准入后，可以销售；经公安机关交通管理部门登记，可以上道路行驶；经交通运输部门许可，可以从事道路运输经营活动（图 3-4-4）。

第六条 市人民政府应当制定智能网联汽车产业发展政策，优化智能网联汽车发展环境，促进智能网联汽车产业健康有序高质量发展。

第七条 市人民政府应当统筹建设智能网联汽车政府监管平台，实现车路云一体化监管（图 3-4-5），保障交通安全、网络安全、数据安全。

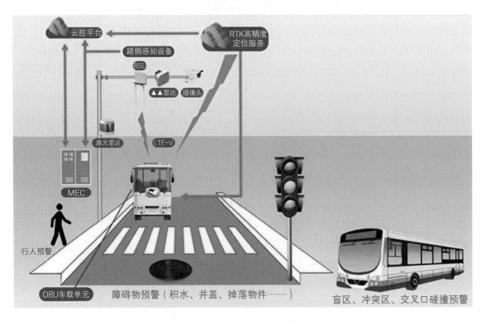

图 3-4-5 车路云一体化监管

第八条　市交通运输部门会同市工业和信息化部门、市公安机关交通管理部门开展智能网联汽车道路测试和示范应用监督管理工作，负责智能网联汽车道路运输管理工作。

市工业和信息化部门负责制定智能网联汽车产品地方标准，负责智能网联汽车产品准入管理工作（图3-4-6）。

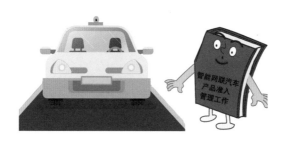

图 3-4-6　智能网联汽车产品准入管理工作

市场监管部门负责批准和发布智能网联汽车产品地方标准，负责智能网联汽车认证、检测和缺陷产品召回等监督管理工作。

市公安机关交通管理部门负责智能网联汽车登记和道路交通安全管理工作。

市网信部门负责统筹协调智能网联汽车网络安全（图3-4-7）、网络数据安全的相关监督管理工作。

图 3-4-7　智能网联汽车网络安全

其他有关部门在各自职责内开展智能网联汽车监督管理工作。

第九条　市工业和信息化部门可以组织建立智能网联汽车共性技术研发平台，为智能网联汽车相关传感器（图3-4-8）、控制器、执行器、大数据、云计算、通信网络、人工智能等方面的技术研发和标准制定提供支持。

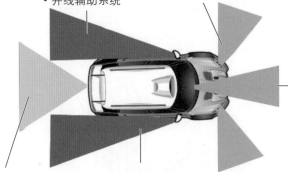

侧视系统
- 盲区监控系统
- 盲区警告系统
- 并线辅助系统

角视系统
- 盲区监控系统
- 盲区警告系统

前视系统
- 车道偏离预警系统
- 车道保持辅助系统
- 前向碰撞预警系统
- 自适应巡航控制系统
- 自动刹车辅助系统
- 自适应前照灯系统
- 夜视辅助系统
- 交通标志识别系统

后视系统
- 倒车辅助系统
- 自动泊车辅助系统
- 防追尾碰撞系统

车内视觉系统
- 驾驶员疲劳检测系统
- 汽车平视显示系统
- 车载信息显示系统

图 3-4-8　智能网联汽车相关传感器

鼓励智能网联汽车相关企业开展技术创新、参与技术交流活动。

第十条　鼓励保险企业开发覆盖设计、制造、使用、经营、数据与算法服务以及其他智能网联汽车产品全链条风险的保险产品。

开展道路测试、示范应用或者上道路行驶的智能网联汽车，应当按照有关规定投保商业保险。

第二章　道路测试和示范应用

第十一条　本条例所称道路测试，是指智能网联汽车在指定道路路段进行的自动驾驶功能测试活动（图 3-4-9）。

图 3-4-9　智能网联汽车测试

本条例所称道路测试主体，是指提出道路测试申请、组织道路测试并承担相应责任的单位。

第十二条 本条例所称示范应用，是指在指定道路路段进行具有试点、试行效果的智能网联汽车载人、载物运行活动（图3-4-10）。

本条例所称示范应用主体，是指提出示范应用申请、组织示范应用并承担相应责任的一个单位或者多个单位联合体。

第十三条 市交通运输部门应当会同市工业和信息化部门、市公安机关交通管理部门建立联合工作机制，根据本条例和国家有关规定，制定深圳市道路测试和示范应用的具体办法，并组织实施。

第十四条 实行道路测试和示范应用申报管理制度。道路测试和示范应用主体应当依照规定向市相关主管部门提出申请，经市相关主管部门确认，并取得市公安机关交通管理部门核发的试验用机动车临时行驶车号牌，方可在深圳市开展道路测试或者示范应用。

道路测试主体申请将已经或者正在其他省、市进行道路测试的智能网联汽车在深圳市进行相同活动的，可以持原申请材料、异地道路测试的相关材料以及在深圳市开展道路测试的安全性自我声明，经市相关主管部门确认，取得试验用机动车临时行驶车号牌（图3-4-11）。

第十五条 在示范应用过程中，示范应用主体应当提前向搭载货物的所有人、管理人和搭载人员书面告知相关风险，并采取必要安全措施。

开展道路测试和示范应用不得干扰正常道路交通活动，不得非法从事道路运输经营活动，不得搭载危险货物（图3-4-12）。

第十六条 市相关主管部门应当选择具备支撑自动驾驶及网

图3-4-10 指定道路路段进行试点、试行

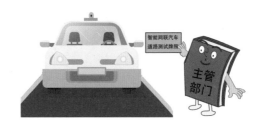

图3-4-11 试验用机动车临时行驶车号牌

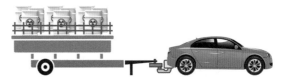

图3-4-12 不得非法从事道路运输经营活动及搭载危险货物

联功能实现的适当路段、区域、时段，供智能网联汽车开展道路测试和示范应用（图3-4-13）。

图 3-4-13　智能网联汽车道路测试

市相关主管部门应当向社会公布开展道路测试和示范应用的路段、区域、时段，并设置相应的标识，发布安全注意事项等提示信息。

第十七条　市人民政府可以选择车路协同基础设施较为完善的行政区全域开放道路测试、示范应用，探索开展商业化运营试点（图3-4-14）。

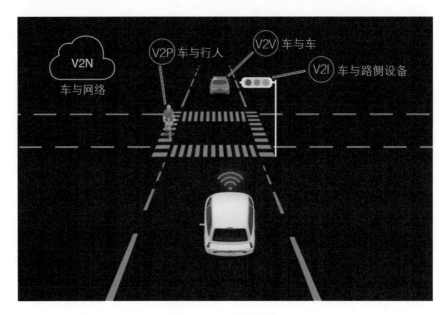

图 3-4-14　车路协同

在全域开放的行政区开展道路测试、示范应用的具体办法由所在区人民政府另行制定，报市人民政府批准后公布实施。

第十八条 鼓励有条件的智能网联汽车相关企业建设道路和交通场景仿真模拟平台（图3-4-15），对智能网联汽车的自动驾驶系统进行仿真测试和技术验证。

图 3-4-15 交通场景仿真模拟平台

第十九条 智能网联汽车在道路测试、示范应用期间发生交通违法或者交通事故，以及本小节未明确规定的其他事项和情形，按照国家有关主管部门关于道路测试和示范应用的规定处理。

第三章 准入和登记

第二十条 实行智能网联汽车产品准入管理制度。

市工业和信息化部门应当根据智能网联汽车产品生产者的申请，将符合深圳市地方标准的智能网联汽车产品列入深圳市智能网联汽车产品目录，并向社会公布。

未列入国家汽车产品目录或者深圳市智能网联汽车产品目录的智能网联汽车产品，不得在深圳市销售、登记（图3-4-16）。

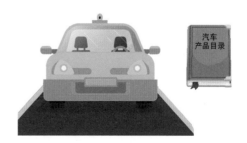

图 3-4-16 列入国家汽车产品目录

图 3-4-17　智能网联汽车技术

图 3-4-18　智能网联汽车检验检测

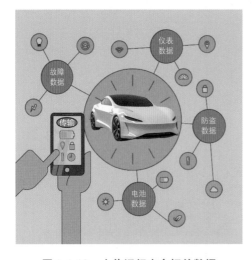

图 3-4-19　上传运行安全相关数据

第二十一条　市工业和信息化部门应当根据技术成熟程度和产业发展需要，组织制定智能网联汽车产品地方标准，由市场监管部门依法批准、发布。

第二十二条　智能网联汽车产品地方标准应当符合智能网联汽车技术（图 3-4-17）的发展方向，不得排斥不同发展路径的技术，并应当根据技术发展情况适时更新。

第二十三条　鼓励智能网联汽车相关行业协会参考国际先进标准，组织智能网联汽车和相关行业的企业、机构，制定引领性、创新性的智能网联汽车产品团体标准，报市工业和信息化部门备案，并通过相关标准信息平台向社会公布。

第二十四条　智能网联汽车产品生产者申请将产品列入深圳市智能网联汽车产品目录的，应当将相关资料提交市工业和信息化部门审核评估。通过审核评估后，将产品提交市工业和信息化部门认可的检验检测机构进行检验检测（图 3-4-18）。取得产品检验检测合格报告后，由市工业和信息化部门将符合深圳市地方标准的产品列入深圳市智能网联汽车产品目录。

第二十五条　市工业和信息化部门可以对准入的智能网联汽车产品设置使用范围、应用场景等限制性措施。

第二十六条　在深圳市销售的智能网联汽车产品，应当具备将车载设备接入政府监管平台和按照监管要求上传运行安全相关数据的能力。销售智能网联汽车产品时，应当将车载设备接入政府监管平台，并按照监管要求上传运行安全相关数据（图 3-4-19）。

第二十七条 实行智能网联汽车登记制度（图 3-4-20）。列入国家汽车产品目录或者深圳市智能网联汽车产品目录的智能网联汽车，经公安机关交通管理部门登记后，方可上道路行驶。

图 3-4-20 实行智能网联汽车登记制度

第二十八条 申请办理智能网联汽车登记，除提交申请机动车登记所需的资料、凭证外，还应当符合下列条件：

（一）车辆车载设备运行安全相关数据已按规定接入政府监管平台（图 3-4-21）；

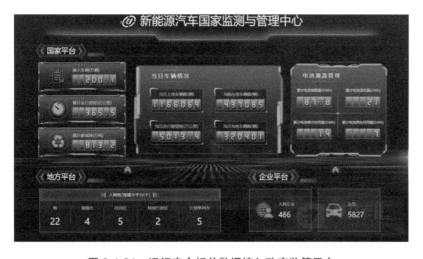

图 3-4-21 运行安全相关数据接入政府监管平台

（二）已投保机动车交通事故责任强制保险和机动车第三者责任保险（图3-4-22）；

（三）具有载人功能的智能网联汽车还应当投保机动车车上人员责任保险（图3-4-23）。

图3-4-22　已投保机动车保险　　　　图3-4-23　投保机动车车上人员责任保险

智能网联汽车登记的具体办法，由市公安机关交通管理部门另行制定。

第二十九条　智能网联汽车所有人、管理人办理车辆登记、核发检验合格标志（图3-4-24）、处理道路交通安全违法行为或者交通事故等交通管理业务时，应当向公安机关交通管理部门提供真实有效的通信地址、移动电话号码等信息；提供的信息变更的，应当自变更之日起十日内告知公安机关交通管理部门。

第三十条　智能网联汽车产品生产者（图3-4-25）、销售者应当对其生产、销售的产品质量安全负责，建立完善产品质量安全追溯机制。

 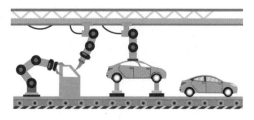

图3-4-24　检验合格标志　　　　　图3-4-25　智能网联汽车产品生产者

第三十一条　智能网联汽车产品生产者应当在车辆使用说明书中详细介绍一般故障的处置方法。

智能网联汽车产品生产者、销售者应当建立健全产品售后服务机制（图

3-4-26），在车辆发生或者可能发生危及人身、财产安全的重大故障或者紧急状况时，按照车辆所有人、管理人、驾驶人或者乘客的要求，提供及时、全面的技术支持或者救援服务，保障其人身、财产安全。

第三十二条　列入深圳市智能网联汽车产品目录的产品更新升级自动驾驶系统和其他涉及汽车安全的设施设备的，智能网联汽车产品生产者应当向市工业和信息化部门备案。

第三十三条　智能网联汽车产品生产者获知其生产的产品可能存在危及人身、财产安全缺陷的，应当立即组织调查分析，并如实向市场监管部门报告调查分析结果；确认智能网联汽车产品存在危及人身、财产安全缺陷的，应当立即停止生产、销售、进口缺陷产品，并实施召回。

智能网联汽车产品经营者获知其经营的产品存在危及人身、财产安全缺陷的，应当立即停止销售、租赁、使用缺陷产品，并协助生产者实施召回。

第四章　使用管理

第三十四条　有条件自动驾驶和高度自动驾驶的智能网联汽车，应当具有人工驾驶模式和相应装置，并配备驾驶人（图3-4-27）。

完全自动驾驶的智能网联汽车可以不具有人工驾驶模式和相应装置，可以不配备驾驶人。但是，无驾驶人的完全自动驾驶智能网联汽车只能在市公安机关交通管理部门划定的区域、路段行驶（图3-4-28）。

图 3-4-26　智能网联汽车售后服务

图 3-4-27　配备驾驶人

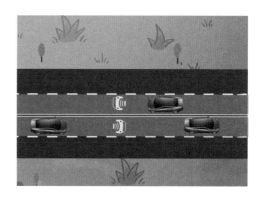

图 3-4-28　在划定的区域、路段行驶

第三十五条　智能网联汽车驾驶人应当按照道路通行规定和车辆使用说明书的要求，掌握并规范使用自动驾驶功能。

有条件自动驾驶和高度自动驾驶的智能网联汽车在自动驾驶模式下行驶时，驾驶人应当处于车辆驾驶座位上，监控车辆运行状态和周围环境，随时准备接管车辆；智能网联汽车发出接管请求或者处于不适合自动驾驶的状态时，驾驶人应当立即接管车辆（图3-4-29）。

图3-4-29　不适合自动驾驶的状态时驾驶人应当立即接管车辆

无驾驶人的完全自动驾驶智能网联汽车应当具备在发生故障、不适合自动驾驶或者有其他影响交通安全的情况时，开启危险警示灯、行驶至不妨碍交通的地方停放或者采取降低速度、远程接管等有效降低运行风险措施的功能。

第三十六条　智能网联汽车产品生产者应当为车辆配置自动驾驶模式外部指示灯，智能网联汽车在自动驾驶模式下行驶时应当开启外部指示灯，向道路上的其他车辆和行人发出明显的安全提示。

用于道路运输经营活动的智能网联汽车应当以显著的车身标识进行安全提示；用于公交客运的，还应当在车辆内部播放语音提示。

第三十七条　智能网联汽车车载设备应当记录和存储车辆发生事故或者故障前至少90秒的位置、运行状态、驾驶模式、车内外监控视频等数据，并保持数据的连续性和完整性。

前款规定的数据存储期不得少于三十日。

第三十八条　智能网联汽车所有人、管理人应当对自动驾驶系统和其他涉及智能网联汽车安全的设施设备进行定期维护。

智能网联汽车所有人、管理人应当按照市公安机关交通管理部门的相关要求，根据车辆型号、用途、使用年限等不同情况，定期对智能网联汽车进行安全技术检验。

第三十九条　使用智能网联汽车从事道路运输经营活动的，经营者应当取得道路运输经营许可证，车辆应当取得道路运输证。市交通运输部门应当制定智能网联汽车道路运输的准入条件和配套规范，并组织实施。

第五章　车路协同基础设施

第四十条　市、区人民政府可以结合智能网联汽车通行需要，统筹规划、配套建设智能网联汽车通用的通信设施（图3-4-30）、感知设施、计算设施等车路协同基础设施。

图3-4-30　通信设施

智能网联汽车相关企业因开展道路测试、示范应用的需要，可以向市交通运输、公安机关交通管理、城管执法等部门申请在其管理的公用基础设施上搭建车路协同基础设施，相关主管部门应当予以支持。

第四十一条　市交通运输部门、市公安机关交通管理部门可以在智能网联汽车通行路段设置特有的交通信号，智能网联汽车上道路行驶应当按相关交通信号的指示通行。

第四十二条　鼓励开放共享车路协同基础设施的数据信息、通信网络等资源，但是涉及国家安全、公共安全、个人信息的数据除外。

第四十三条　车路协同基础设施中涉及通信技术的设施设备应当按规定取得国家工信部门的入网认证，涉及人身、财产安全的设施设备应当按照国家相关强制性标准或者要求取得可靠性认证报告。

第六章 网络安全和数据保护

第四十四条 市网信部门统筹协调全市智能网联汽车产品、服务及其供应链的网络安全风险监督管理工作，市交通运输、公安、工业和信息化等部门按照各自职责承担相关监督管理工作。

第四十五条 市网信部门应当统筹协调智能网联汽车网络安全事件应急预案的制定工作。市交通运输、公安、工业和信息化等部门按照各自职责承担智能网联汽车网络安全事件应急预案的制定工作，对智能网联汽车网络安全事件分级、事件处置职责分工、预防预警机制、处置程序、应急保障措施等做出规定，并组织应急演练和处置工作（图3-4-31）。

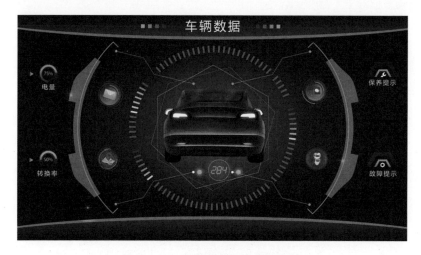

图 3-4-31 智能网联汽车网络安全

第四十六条 智能网联汽车相关企业应当依法取得网络关键设备和网络安全专用产品的安全检测认证，依法制定智能网联汽车网络安全事件应急预案，并建立网络安全评估和管理机制，确保网络数据的完整性、安全性、保密性和可用性，防止网络数据泄露和被窃取、篡改。

第四十七条 智能网联汽车相关企业应当依照国家相关规定，制定数据安全管理制度和隐私保护方案，采取措施防止数据的泄露、丢失、损毁，并将存储数据的服务器设在中华人民共和国境内。未经批准，不得向境外传输、转移相关数据信息。

在发生或者可能发生涉及国家安全、用户个人信息等数据泄露、损毁、丢失等情况时，智能网联汽车相关企业应当立即采取补救措施，按照规定及时告知用户并向有关部门报告（图3-4-32）。

图 3-4-32　智能网联汽车的数据

第四十八条　禁止利用智能网联汽车从事下列活动：

（一）非法收集、处理、利用个人信息；

（二）采集与本车辆行驶和交通安全无关的信息；

（三）非法采集涉及国家安全的信息。

第四十九条　智能网联汽车研发、生产、运营等相关企业或者组织，经公安机关交通管理部门同意，可以获取与其智能网联汽车产品相关的交通违法、交通事故等去标识化数据信息。

第七章　交通违法和事故处理

第五十条　依法登记的智能网联汽车发生道路交通安全违法情形或者交通事故的，适用本章规定。

第五十一条　有驾驶人的智能网联汽车发生道路交通安全违法情形的，由公安机关交通管理部门依法对驾驶人进行处理。

完全自动驾驶的智能网联汽车在无驾驶人期间发生道路交通安全违法情形的，由公安机关交通管理部门依法对车辆所有人、管理人进行处理。

依照本条第二款规定处理交通违法，对违法行为人的处罚不适用驾驶人记分的有关规定。

第五十二条　有驾驶人的智能网联汽车发生交通事故的，驾驶人应当立即停车，保护现场；造成人身伤亡的，驾驶人应当立即抢救受伤人员，并迅速报警。

完全自动驾驶的智能网联汽车在无驾驶人期间发生交通事故的，当事人应当立即报警，车辆所有人、管理人应当保存事故过程信息。

第五十三条　有驾驶人的智能网联汽车发生交通事故造成损害，属于该智能网联汽车一方责任的，由驾驶人承担赔偿责任。

完全自动驾驶的智能网联汽车在无驾驶人期间发生交通事故造成损害，属于该智能网联汽车一方责任的，由车辆所有人、管理人承担赔偿责任。

　　第五十四条　智能网联汽车发生交通事故，因智能网联汽车存在缺陷造成损害的，车辆驾驶人或者所有人、管理人依照本条例第五十三条的规定赔偿后，可以依法向生产者、销售者请求赔偿。

　　第五十五条　智能网联汽车车载设备、路侧设备、监管平台等记录的车辆运行状态和周边环境的客观信息，可以作为认定智能网联汽车交通事故责任的重要依据。

第4章
计算机视觉和视频摄像头——无人驾驶汽车的"眼"

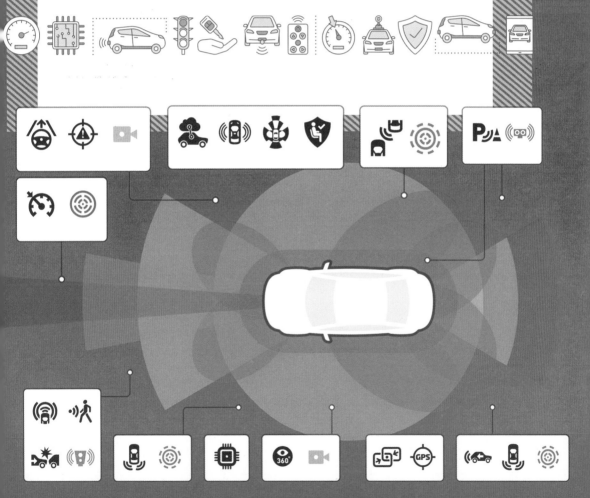

4.1

计算机视觉与视频摄像头的含义

计算机视觉（computer vision，CV）是指通过计算机及其相关设备模拟人的视觉系统。

计算机视觉系统，也叫机器视觉系统，是一种由计算机组成的机器人系统，可以通过原始的图像或视频序列进行自动识别、理解和检测图像或视频中存在的信息。计算机视觉系统具有通用性，广泛应用于物体识别、人脸检测、图像处理、视觉导航和机器人操作等各种应用领域，是 AI 技术中的重要组成部分。

图 4-1-1 识别物体

计算机视觉目的是让机器代替人眼，解决物体识别（图 4-1-1）、物体形状和方位确认以及物体运动判断三大问题。

车载摄像头是实现众多预警、识别 ADAS 类功能的基础，是车辆上用于获取音像效果的产品装置，某种程度而言已经成为汽车最为重要的传感器。无论是特斯拉信奉的纯视觉路线，还是行业普遍采用的多传感融合方案，视觉感知摄像头（图 4-1-2）都是不可或缺的一员。

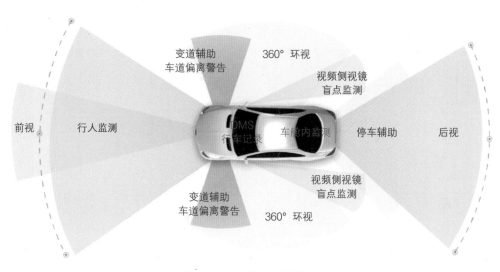

图 4-1-2 视觉感知摄像头

视觉感知摄像头整体可划分为前视摄像头、环视摄像头、后视摄像头、侧视摄像头等，车载摄像头主要分为单目摄像头、双目摄像头、三目摄像头。

❶ 单目摄像头　通过摄像头拍摄的平面图像来感知和判断周边环境，识别车辆、路标、行人等固定物体和移动物体，是目前汽车摄像头的主流解决方案，依靠复杂算法进行测距。优点是探测信息丰富，观测距离远；缺点在于探测容易受环境影响（图4-1-3）。

扫一扫
看动画视频

图 4-1-3　单目摄像头

❷ 双目摄像头　通过模仿人眼的功能实现对物体距离和大小的感知，进而感知周边环境，可通过视差和立体匹配计算精准测距（图4-1-4）。

❸ 三目摄像头　通过三个摄像头覆盖不同范围的场景，可以解决摄像头无法切换焦距的问题，相比于单目摄像头和双目摄像头，拥有更好的视野广度和精度（图4-1-5）。但是，由于三目摄像头计算量大，因此对芯片的数据处理能力要求高，目前成本相对较高。

图 4-1-4　双目摄像头　　　　　　图 4-1-5　三目摄像头

4.2
计算机视觉系统与视频摄像头的组成和工作原理

（1）计算机视觉系统的组成

计算机视觉系统主要由传感器、计算硬件、图像处理系统、视觉算法系统、控制系统等几个部分组成。

❶ 传感器　传感器是计算机视觉系统的基础，它能够捕获图像和视频信息。传感器由摄像头、红外摄像头（图4-2-1）等组成。

❷ 计算硬件　计算硬件包括中央处理器（CPU）、图形处理器（GPU）、存储器等，它们能够进行图像和视频数据的存储及运算。

图 4-2-1　红外摄像头

❸ 图像处理系统　图像处理系统是从原始图像中提取出有用信息的过程，它可以实现图像分割、边沿检测、形状识别等多种功能。

❹ 视觉算法系统　视觉算法系统是机器视觉的核心组成部分，它将图像处理的结果进行分析，为计算机视觉系统选择最合适的策略和方法，更好地实现材料识别和运动目标检测等，从而进行相关的处理。

（2）计算机视觉系统的工作原理

计算机视觉系统的工作原理分为以下几个步骤：获取图像、预处理、特征提取、模型训练和应用。

计算机视觉系统需要获取图像或视频，这可以通过摄像头、摄像机或者从存储设备中读取图像来实现。获取到的图像可能是彩色图像、灰度图像或者是多通道图像（图 4-2-2），不同类型的图像需要采用不同的处理方式。

RGB 色彩模式

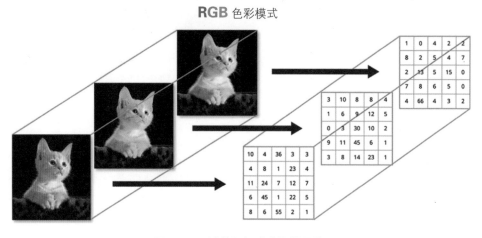

图 4-2-2　计算机视觉获取的图像

接下来，经过预处理步骤对图像进行一系列的处理操作，以提高后续任务的准确性。预处理的步骤包括图像去噪、图像增强、图像尺寸调整、颜色空间转换等。这些步骤可以去除图像中的噪声、增强图像的对比度、减小计算量等。

在预处理完成后，需要进行特征提取（图 4-2-3）的过程。特征提取是计算机视觉中非常重要的一步，它的目的是从图像中提取出能够表达图像信息的特征。常用的特征包括形状特征、纹理特征、颜色特征等。这些特征可以通过滤波器、边缘检测算子、纹理描述算子等方法来提取。

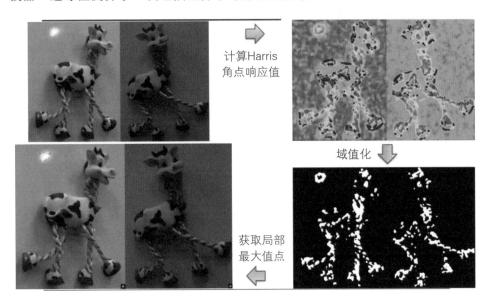

计算Harris角点响应值

域值化

获取局部最大值点

图 4-2-3　特征提取

得到了特征之后，需要进行模型训练。模型训练是指通过大量的已标注数据来训练模型，使其具备识别和分类的能力。常用的模型训练算法有支持向量机、神经网络、决策树等。在训练过程中，需要将提取到的特征作为输入，将图像的标签作为输出，通过不断调整模型参数，使得模型能够准确地预测图像的标签。

训练完成的模型可以应用于实际的图像或视频中。应用阶段，计算机视觉可以实现许多任务，如目标检测、图像识别、人脸识别（图 4-2-4）等。通过将图像输入训练好的模型中，计算机可以输出图像的标签或者图像中感兴趣的目标的位置。

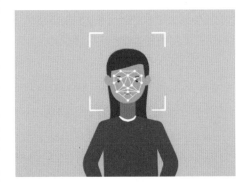

图 4-2-4　人脸识别

（3）视频摄像头的组成

视频摄像头通常由图像传感器、图像处理芯片、镜头、接口等多个组成部分构成（图4-2-5）。下面将对这些组成部分进行详细介绍。

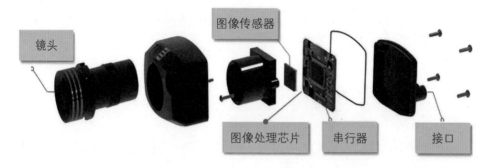

图 4-2-5　视频摄像头的组成

❶ 图像传感器　图像传感器是汽车摄像头的核心部件，负责将光学信号转换成电信号，并输出给图像处理芯片进行处理。常见的图像传感器有 CMOS（complementary metal-oxide-semiconductor）和 CCD（charge-coupled device）两种类型，其中 CMOS 传感器在视频摄像头中应用更为广泛。CMOS 传感器具有体积小、功耗低、成本较低等优点，逐渐成为视频摄像头的主流选择。

❷ 图像处理芯片　图像处理芯片是汽车摄像头的核心处理单元，负责对从图像传感器获取的图像数据进行处理和分析。图像处理芯片可以进行图像增强、噪声抑制、图像格式转换、图像压缩等处理，以便将高质量的图像数据传输给车载系统进行后续处理。

❸ 镜头　镜头是汽车摄像头的光学部件，负责将外界光学信号聚焦到图像传感器上。视频摄像头的镜头通常具有较小的焦距和大的视场角，以便能够广泛地监测车辆周围的环境。此外，镜头还需要具备防尘、防水、抗震等性能，以应对汽车行驶过程中的复杂环境。

❹ 接口　接口是视频摄像头与车载系统之间的连接部分，负责将视频摄像头采集到的图像数据传输给车载系统进行处理。常见的接口包括 USB、MIPI（mobile industry processor interface）等，不同类型的视频摄像头需要根据车载系统的接口标准进行设计和选择。

（4）视频摄像头的工作原理

视频摄像头的工作方式通常分为实时监控和图像处理两个阶段。

❶ 实时监控（图4-2-6）　视频摄像头通过镜头采集外界的光学信号，并将其转换成电信号，通过图像传感器输出给图像处理芯片。图像处理芯片对输入的图像数据进行处理和分析，包括图像增强、噪声抑制、图像格式转换等。经

过处理后的图像数据通过接口传输给车载系统进行实时监控。实时监控阶段是视频摄像头的核心工作阶段，它可以实时获取车辆周围环境的图像信息，包括道路、交通标志、行人、车辆等，并将其传输给车载系统进行进一步处理。这可以帮助驾驶员更好地了解车辆周围的情况，提高驾驶安全性。

扫一扫
看动画视频

图 4-2-6　实时监控

❷ 图像处理　在实时监控阶段，图像处理芯片会对输入的图像数据进行处理和分析，以便将高质量的图像数据传输给车载系统。图像处理包括图像增强、噪声抑制、图像格式转换、图像压缩等。通过这些处理，可以提高图像的质量和清晰度，减少图像中的噪声和失真，并将图像数据转换成车载系统能够处理的格式。

图像处理阶段对视频摄像头的性能和图像质量有着重要的影响。通过对图像数据的处理，可以使得车载系统在接收和处理图像数据时更加高效及稳定，从而提高整体的驾驶辅助性能和用户体验。

4.3
计算机视觉技术在无人驾驶汽车中的应用

4.3.1　环境感知

计算机视觉技术可以通过传感器获取车辆周围的环境信息，包括道路、交通信号灯、车辆和行人等。这些信息通过算法进行处理和分析，可以为自动驾驶汽车提供更加准确的环境感知（图 4-3-1），从而提高车辆的行驶安全性。

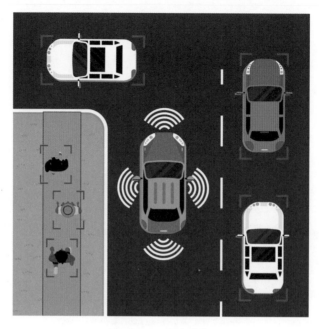

图 4-3-1　环境感知

4.3.2　自主决策

　　计算机视觉技术可以通过分析环境信息，实现对车辆的自主决策。例如，当车辆遇到障碍物时，计算机视觉技术可以自动识别障碍物的位置和形状，并计算出最佳的避开方案（图 4-3-2），从而提高车辆的行驶安全性。

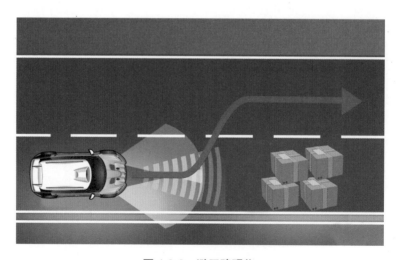

图 4-3-2　避开障碍物

4.3.3 路径规划

计算机视觉技术可以通过分析车辆周围的环境信息，实现对车辆行驶路径的规划（图4-3-3）。例如，当车辆需要穿过一个繁忙的路口时，计算机视觉技术可以自动识别路口中的交通信号灯和车辆数量，并计算出最佳的行驶路线，从而减少交通拥堵和事故风险。

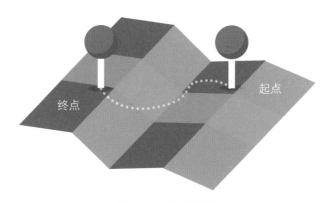

图 4-3-3　路径规划

4.3.4 辅助驾驶

计算机视觉技术还可以为自动驾驶汽车提供辅助驾驶（图4-3-4）功能，例如自动泊车和自动驾驶辅助等。这些功能可以大大提高车辆的驾驶安全性和便利性。

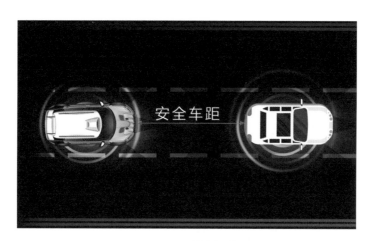

图 4-3-4　辅助驾驶

4.4
视频摄像头在无人驾驶汽车中的应用

（1）识别道路和车道

通过拍摄道路和车道，车载摄像头可以实时获取道路信息，并对道路类型、交通标志、车道线等进行识别和跟踪。

（2）交通场景分析

车载摄像头可以捕捉交通场景中的各种信息，如车辆、行人、道路障碍物等，并通过对这些信息的分析，为无人驾驶汽车提供实时交通场景感知。

（3）车辆跟踪与定位

车载摄像头可以与其他传感器（如激光雷达、GPS 等）配合使用，实现车辆的精确跟踪和定位，提高无人驾驶汽车的自主导航能力。

（4）交通拥堵监测与预警

车载摄像头可以通过对交通场景的实时监测和分析，提供交通拥堵信息和预警，帮助无人驾驶汽车提前规划路线，避免拥堵情况的发生。

扫一扫
看动画视频

第5章
语音识别——无人驾驶汽车的"耳"

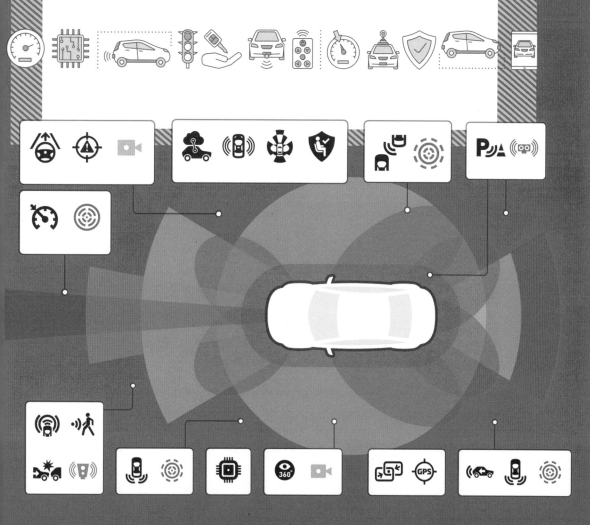

5.1
智能语音识别技术

　　智能语音识别技术是一种将人类语音转换为文本的技术，它利用人工智能和机器学习算法来识别及理解人类语音中的词汇与语义。

　　智能语音识别技术已经在多个领域得到广泛应用，如智能家居、智能客服、语音助手等，为人们提供了更加便捷和高效的人机交互方式。

　　随着技术的不断发展，智能语音识别技术的准确性和可靠性不断提高，未来将会有更多的应用场景得到应用。

　　智能汽车语音识别是指智能汽车通过语音交互，能够准确理解人类的语义意图，并根据意图执行相应的操作。它结合了语音识别、自然语言处理和机器学习等技术，旨在实现人机之间的自然、智能对话（图 5-1-1）。

扫一扫
看动画视频

图 5-1-1　智能汽车语音识别

5.2 语音识别系统的组成

语音控制系统总体架构由语音采集模块、语音前级处理模块、语音训练模块、语音识别模块、语音提示模块和输出控制模块等组成。

（1）语音采集模块

语音采集模块主要完成信号调理和信号采集等功能，它将原始语音信号转换成语音脉冲序列，因此该模块主要包括声/电转换、信号调理和采样等信号处理过程。

（2）语音前级处理模块

语音前级处理模块的主要功能是滤除干扰信号、提取语音特征矢量，并将提取的语音特征矢量化成标准语音特征矢量，因此该模块主要包括语音预处理、特征提取、矢量量化等语音信号处理过程。

（3）语音训练模块

语音训练模块的主要功能是将多次采集、提取的语音特征标准矢量进行概率统计，提取说话人的最佳语音特征标准矢量，防止因说话人心情、环境等因素引起提取特征参数不准确而影响语音识别效果，因此该模块主要包括概率统计、参数评估等处理过程，用隐马尔可夫模型（HMM 模型）实现。

（4）语音识别模块

语音识别模块的主要功能是将重新采集的标准语音特征矢量与语音模板库中的语音模型进行比较，判断当前语音命令功能，因此该模块主要包括矢量比较与参数评估两个过程。

（5）语音提示模块

语音提示模块的主要功能是根据语音识别的结果提示用户进行相关操作或说明当前完成的功能，因此该模块主要包括调用提示语音资源文件、D/A 转换、信号放大等语音处理过程。

（6）输出控制模块

输出控制模块的主要功能是根据语音识别的结果输出相应的控制信号，实现电灯、电视、风扇等办公电器的语音控制功能，因此该模块主要包括信号驱动、输出控制器和被控对象。

（7）语音模板库

语音模板库的主要功能是存储训练后的最佳标准语音特征矢量。

5.3
语音识别系统的工作原理

语音识别系统的工作原理是将一段语音信号转换成相对应的文本信息，系统主要包含特征提取、声学模型、语言模型以及字典与解码四大部分，其中为了更有效地提取特征，往往还需要对所采集到的声音信号进行滤波、分帧等预处理工作，把要分析的信号从原始信号中提取出来。之后，特征提取工作将声音信号从时域转换到频域，为声学模型提供合适的特征向量；声学模型中再根据声学特性计算每一个特征向量在声学特征上的得分；而语言模型则根据语言学相关的理论，计算该声音信号对应可能词组序列的概率；最后根据已有的字典，对词组序列进行解码，得到最后可能的文本表示。

（1）特征提取和信号处理

在科学和工程中，遇到的大多数信号都是连续的模拟信号，而计算机只能处理离散的信号，因此，必须对这些连续的模拟信号进行转化，通过采样和量化，转化成数字信号。

（2）声学模型（acoustic model）

声学模型是语音识别系统中最为重要的部分之一，主流系统多采用隐马尔可夫模型进行建模。隐马尔可夫模型的概念是一个离散时域有限状态自动机，隐马尔可夫模型是指这一马尔可夫模型的内部状态外界不可见，外界只能看到各个时刻的输出值。

对语音识别系统，输出值通常就是从各个帧计算而得的声学特征。用HMM刻画语音信号需做出两个假设，一是内部状态的转移只与上一状态有关，二是输出值只与当前状态（或当前的状态转移）有关，这两个假设大大降低了模型的复杂度。HMM的打分、解码和训练相应的算法是前向算法、Viterbi算法和前向后向算法。

（3）语言模型（language model）

语言模型用来表示词序列出现的可能性，用文本数据训练而成，是语音识别系统重要的组成部分。

基于规则的语言模型，其数据的主要来源是人类社会中语言学家掌握的语言学知识和领域知识，以及特定语法规则的约束下，受限领域内的句子。

统计语言模型，通过对大量文本语料进行处理，获取给定词序列的概率分布，客观描述隐含的规律，适合处理大规模真实文本。

（4）解码搜索

解码器是将语音中的信息解码识别并输出的一个关键结构。针对输入的语音信号，根据已经训练好的声学模型、语言模型及字典建立一个识别网络，使用搜索算法在该网络中寻找最佳的一条路径，输出最大概率情况下的文字。

作为语音识别的前提与基础，语音信号的预处理过程至关重要。在最终进行模板匹配的时候，是将输入语音信号的特征参数与模板库中的特征参数进行对比，因此，只有在预处理阶段得到能够表征语音信号本质特征的特征参数，才能够将这些特征参数进行匹配和进行识别率高的语音识别。

5.4
语音识别技术在无人驾驶汽车中的应用

（1）改进驾驶体验

无人驾驶汽车可以通过语音识别技术完成大多数人机交互任务（图 5-4-1），免除了人工操作的麻烦。这不仅方便了驾车人员，也提高了驾驶的效率和安全性。

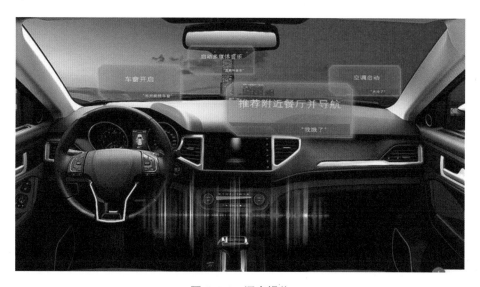

图 5-4-1　语音操作

（2）实现车内智能化控制

语音识别技术可以使无人驾驶汽车成为拥有人工智能的智能汽车。通过计算机处理语音信息，无人驾驶汽车可以实现在车内的行车娱乐、查看行车路线、查询天气信息等一系列任务（图 5-4-2）。

图 5-4-2　车内智能化控制

（3）提高汽车的交互性和人性化

无人驾驶汽车可以通过语音识别技术实现与乘客的直接交互，从而提高汽车的交互性和人性化（图 5-4-3）。语音识别技术可以在无人驾驶汽车中实现人机智能交互，并支持多语言交互。无论是出差还是旅行，无人驾驶汽车都能帮助驾驶者和乘客更容易地沟通。

图 5-4-3　提高汽车的交互性和人性化

（4）提高驾驶者的安全性和舒适度

语音识别技术有助于提高驾驶员在驾驶过程中的安全性和舒适度。驾驶员不必操作任何按钮或触摸屏幕就能够完成车辆控制功能。这使得驾驶员更容易专注于道路和车辆，提高了驾驶员的安全性和舒适度（图5-4-4），同时降低了疲劳驾驶的风险。

图 5-4-4　提高驾驶者的安全性和舒适度

（5）增强汽车的智能识别能力

语音识别技术可以使无人驾驶汽车逐渐拥有自学习能力，并通过掌握越来越多的语言识别技术，使汽车的智能识别能力不断提高。通过这种方法，汽车可以逐步成为可预测、可编程和可靠的智能汽车。

扫一扫
看动画视频

第6章
自然语言处理——
无人驾驶
汽车的"口"

6.1
自然语言处理的含义

　　自然语言处理（natural language processing，NLP）是计算机科学、人工智能和语言学领域的一个交叉学科，主要研究如何让计算机能够理解、处理、生成和模拟人类语言的能力，从而实现与人类进行自然对话的能力（图 6-1-1）。通过自然语言处理技术，可以实现机器翻译、问答系统、情感分析、文本摘要等多种应用。随着深度学习技术的发展，人工神经网络和其他机器学习方法已经在自然语言处理领域取得了重要的进展。未来的发展方向包括更深入的语义理解、更好的对话系统、更广泛的跨语言处理和更强大的迁移学习技术。

扫一扫
看动画视频

图 6-1-1　人类与机器人对话

6.2
自然语言处理系统的组成

6.2.1　机器翻译

　　机器翻译技术（图 6-2-1）是指利用计算机技术实现从一种自然语言到另外一种自然语言的翻译过程。基于统计的机器翻译方法突破了基于规则和实例翻译方法的局限性，翻译性能取得巨大提升。基于深度神经网络的机器翻译在日常口语等一些场景的成功应用已经显现出了巨大的潜力。随着上下文的语境表

征和知识逻辑推理能力的发展，自然语言知识图谱不断扩充，机器翻译将会在
多轮对话翻译及篇章翻译等领域取得更大进展。

全自动输出翻译结果

无法保证译文质量

人机交互输出翻译结果

接受用户提供译文干预及
时学习用户修改反馈实时
提供翻译辅助信息

图 6-2-1　机器翻译技术

6.2.2　语义理解

语义理解技术（图 6-2-2）是指利用计算机技术实现对文本篇章的理解，并
且回答与篇章相关问题的过程。语义理解更注重对上下文的理解以及对答案精
准程度的把控。

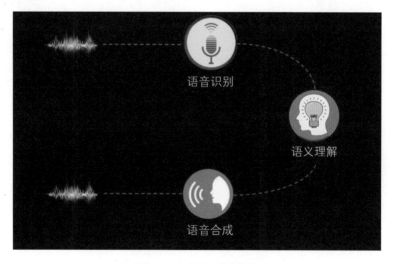

图 6-2-2　语义理解技术

6.2.3　问答系统

问答系统分为开放领域的对话系统和特定领域的问答系统。问答系统技术
是指让计算机像人类一样用自然语言与人交流的技术。人们可以向问答系统提

交用自然语言表达的问题，系统会返回关联性较高的答案（图6-2-3）。

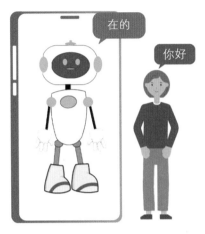

图 6-2-3　人工智能问答系统

扫一扫
看动画视频

6.3 自然语言处理系统的工作原理

自然语言处理系统的底层原理涉及多个层面，包括语言学、计算机科学和统计学等。它涉及对语言的结构、语义、语法和语用等方面的研究，以及对大规模语料库的统计分析和模型建立。在具体实现过程中，需要对自然语言进行多个层次的处理，主要包括以下几个方面。

6.3.1　语言模型

语言模型是自然语言处理中最重要的概念之一，它用于计算给定文本序列的概率。语言模型可以基于规则、统计或深度学习等方法构建。在语言模型中，通常会使用一些概率模型来表示文本的生成概率，如 n-gram 模型、隐马尔可夫模型（HMM）和条件随机场（CRF）等。语言模型优化如图6-3-1所示。

图 6-3-1　语言模型优化

（1）什么是 *n*-gram 模型

n-gram 模型是一种基于统计语言学的模型，它用于预测文本中下一个词或字符的可能性。*n*-gram 模型是一种条件概率模型，它通过计算一个文本序列中的 *n* 个连续词或字符的概率来预测下一个词或字符的可能性。在 *n*-gram 模型中，*n* 表示一个文本序列中包含 *n* 个连续的词或字符。例如，当 *n*=2 时，*n*-gram 模型会计算文本中每个相邻的词对出现的概率；当 *n*=3 时，*n*-gram 模型会计算文本中每个相邻的三个词组成的三元组出现的概率，以此类推。

（2）什么是隐马尔可夫模型

马尔可夫模型是一种概率模型，它用于描述某个系统由一系列隐含的状态组成，每个状态都与一系列可观测的事件相关联。马尔可夫模型假设这些事件的生成过程是由一个马尔可夫过程控制的，即当前状态只与前一个状态有关，与之前的状态和观测值无关。HMM 由两个部分组成：状态转移概率矩阵和观测概率矩阵。状态转移概率矩阵描述了状态之间的转移关系，而观测概率矩阵描述了每个状态生成观测值的概率分布。

6.3.2　词向量表示和语义分析

词向量表示是将自然语言文本转换为计算机可以处理的向量形式。在词向量表示中，通常会使用词袋模型（bag of words model）或者分布式表示（distributional representation）等方法。其中，分布式表示方法是一种由 Geoffrey Hinton 提出的技术，它通过在大规模语料库上训练神经网络来实现词向量的表示。语义分析关注句子的意义，其目标是将自然语言表示转换为一种计算机可以理解的形式。这通常涉及实体识别、关系抽取和指代消解等任务。在语义分析中，通常会使用词向量的平均值、加权平均值或者递归神经网络（recursive neural network）等方法来表示句子的语义信息。

6.3.3　深度学习

深度学习是自然语言处理中的一种重要技术，它可以通过训练大量的数据来提高自然语言处理的准确性。在深度学习中，常用的模型包括卷积神经网络（convolutional neural network，CNN）、循环神经网络（recurrent neural network，RNN）和 Transformer 等。这些模型可以应用于自然语言处理中的各种任务，如文本分类、情感分析、机器翻译等。当然除了深度学习模型外，还有机器学习等其他自然语言处理模型。

6.4
自然语言处理技术在无人驾驶汽车中的应用

（1）提高驾驶安全（图6-4-1）

通过自然语言处理技术，无人驾驶汽车可以更好地理解驾驶者的意图，避免潜在的安全隐患。

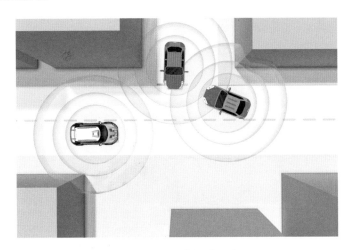

图 6-4-1　提高驾驶安全

（2）提升驾驶体验（图6-4-2）

自然语言处理技术可以使得无人驾驶汽车能够更好地与驾驶者进行交互，提供更为便捷、舒适的驾驶体验。

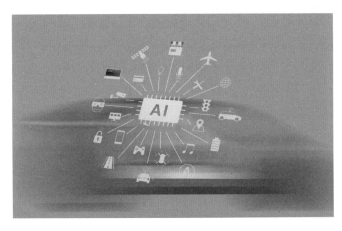

图 6-4-2　提升驾驶体验

（3）实现跨语言沟通（图6-4-3）

通过自然语言处理技术，无人驾驶汽车可以理解和响应不同语言的指令，为全球范围内的无人驾驶应用提供可能。

扫一扫
看动画视频

图6-4-3　实现跨语言沟通

（4）适应复杂道路情况（图6-4-4）

自然语言处理技术可以帮助无人驾驶汽车更好地适应复杂的道路情况，例如交通拥堵、道路施工等，提高其应对突发情况的能力。

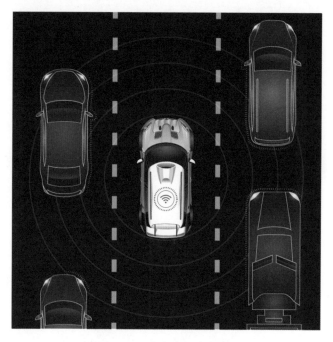

图6-4-4　适应复杂道路情况

6.5
自然语言处理技术与无人驾驶汽车的融合

（1）数据融合（图6-5-1）

无人驾驶与自然语言处理的数据融合技术，实现信息共享。

图 6-5-1　数据融合

（2）语音控制（图6-5-2）

利用自然语言处理技术实现语音控制方便用户操作。

图 6-5-2　语音控制

（3）语义理解（图6-5-3）

通过自然语言处理技术实现语义理解，提高无人驾驶的智能性。

图 6-5-3　语义理解

（4）行为预测（图6-5-4）

结合自然语言处理技术，对行人及车辆的行为进行预测，为无人驾驶提供安全保障。

图 6-5-4　行为预测

第7章
人机交互和问答——
无人驾驶汽车的
"血液"

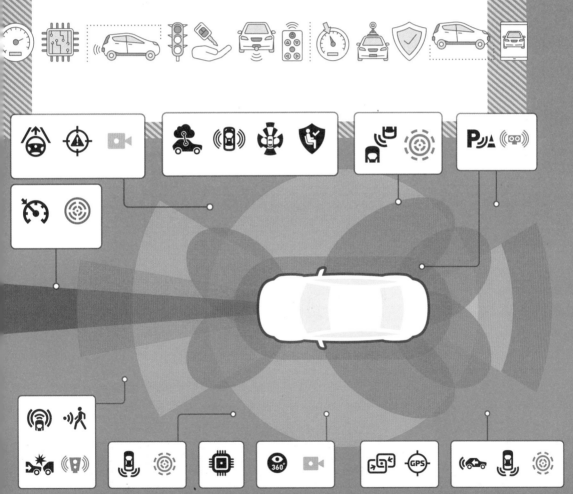

7.1
人机交互和问答系统的含义

（1）人机交互

人机交互、人机互动（英文：human-computer interaction 或 human-machine interaction，HCI 或 HMI），是指人与计算机之间使用某种对话语言，以一定的交互方式，为完成确定任务的人与计算机之间的信息交换过程。

系统可以是各种各样的机器，也可以是计算机化的系统和软件。人机交互界面通常是指用户可见的部分。用户通过人机交互界面

图 7-1-1 汽车人机交互

与系统交流，并进行操作。汽车人机交互如图 7-1-1 所示。

（2）问答系统

问答系统（question answering system，QA）是信息检索系统的一种高级形式（图 7-1-2），它能用准确、简洁的自然语言回答用户用自然语言提出的问题。其研究兴起的主要原因是人们对快速、准确地获取信息的需求。

扫一扫
看动画视频

图 7-1-2 问答系统

7.2
人机交互系统的主要组成

7.2.1 多模态输入/输出

多模态输入/输出是第四代人机交互与通信的主要标志之一。多模态输入包括键盘、鼠标、文字、语音、手势（图 7-2-1）、表情、注视等多种输入方式；而多模态输出包括文字、图形、语音、手势、表情等多种交互信息。

图 7-2-1　手势输入方式

7.2.2 智能接口代理

智能接口代理是实现人与计算机交互的媒介（图 7-2-2）。

7.2.3 视觉获取

视觉系统主要用于实时获取外部视觉信息（图 7-2-3）。

图 7-2-2　人与计算机交互

图 7-2-3　获取外部视觉信息

7.2.4　视觉合成

使人机交互能够在一个仿真或虚拟的环境中进行（图 7-2-4），仿佛现实世界中人与人之间的交互。

图 7-2-4　人机交互

7.2.5　对话系统

目前主要有两种研究趋势，一种以语音为主，另一种从某一特定任务域入手，引入对话管理概念，建立类似于人人对话的人机对话（图 7-2-5）。

图 7-2-5　汽车对话系统

7.3
人机交互系统的工作原理

7.3.1 输入设备

人机交互的第一步是通过输入设备将信息传输到计算机或其他智能设备中。常见的输入设备包括键盘、鼠标、触摸屏（图7-3-1）、语音识别等。键盘是最常用的输入设备，用于输入文字、数字和命令等。鼠标则通过指针的移动和按钮的点击来传达指令和交互动作。触摸屏的原理是通过触控手指或者其他物体的接触来实现交互操作的。语音识别技术则允许用户通过语音来输入指令。不同的输入设备适用于不同的场景和使用习惯。

图 7-3-1　触摸屏

7.3.2 中央处理器

输入设备将用户的指令和信息传递给中央处理器（图7-3-2），由中央处理器进行分析和处理。中央处理器是计算机的核心部件，负责执行各种计算任务和处理数据。它能够解析用户输入的指令和数据，并做出相应的响应。中央处理器的性能和处理速度直接影响到人机交互的效果和用户体验。

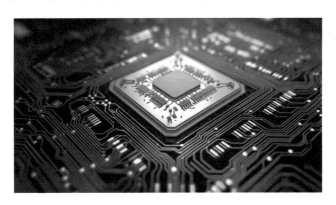

图 7-3-2　中央处理器

7.3.3 操作系统和应用软件

中央处理器接收到用户的指令和信息后，需要通过操作系统（图7-3-3）和应用软件进行进一步的处理和操作。操作系统是计算机的最基本软件，提供了用户与计算机硬件之间的接口和管理功能。常见的操作系统有 Windows、iOS、Android 等。应用软件则是在操作系统上运行的各种具体应用程序，例如浏览器、邮件客户端、游戏等。操作系统和应用软件的设计及优化直接影响到用户体验及人机交互的效果。

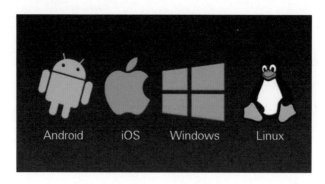

图 7-3-3　操作系统

7.3.4 输出设备

经过中央处理器和软件处理后，计算机或智能设备需要将结果和反馈信息输出给用户。输出设备通常有显示器（图7-3-4）、音频设备等。显示器是最常见的输出设备，将计算机处理后的信息以图像的形式显示给用户。音频设备通过扬声器或耳机将声音输出给用户。不同的输出设备适用于不同的信息展示和交互需求。

图 7-3-4　显示器输出设备

7.4
问答系统的组成

（1）问句预处理

对用户输入的问题进行分词、词性标注、实体识别等操作，以便于后续的检索和匹配。

（2）检索模块

根据预处理后的问句，在知识库中查找与问题相关的信息。常见的检索算法有倒排索引、向量检索等。

（3）深度语义匹配

通过自然语言处理技术，分析用户问题与知识库中的答案之间的语义关系以判断答案的准确性。

（4）答案排序与筛选

根据匹配程度对检索到的答案进行排序，确保用户提供最准确的答案（图7-4-1）。

图7-4-1 提供最准确的答案

（5）反馈与优化

根据用户对回答的满意度，不断调整和优化系统参数，提高问答效果。

7.5
问答系统的工作原理

问答系统是一种基于自然语言处理技术的人机交互系统，旨在根据用户提出的问题，从给定的语料库或知识库中提供准确的答案。其核心原理主要包括问题理解、信息检索与答案生成三个步骤。

（1）问题理解

系统首先对用户提出的问题进行理解，该步骤包括分词、词性标注、命名实体识别和句法分析等技术。通过这些处理，系统将问题转化为计算机可以理解的结构化表示形式。

（2）信息检索

系统在理解用户问题后，根据给定的语料库或知识库进行信息检索（图7-5-1），以找到与问题相关的文本片段或答案。信息检索可以采用传统的全文搜索方法，也可以使用更高级的语义搜索方法，如相似性匹配、实体链接和关系抽取等。

图 7-5-1　信息检索

（3）答案生成

在找到与问题相关的文本片段后，系统需要从中提取出最合适的答案，以回答用户的问题。答案生成可以根据问题类型采用不同的方法，如基于模板的方法、统计机器翻译方法或深度学习方法等。生成的答案可以是简短的短语、完整的句子，甚至是相关文档的链接（图7-5-2）。

图 7-5-2　答案生成

7.6
人机交互和问答技术在无人驾驶汽车中的应用

在无人驾驶汽车中，人机交互的目标是使驾驶员和乘客能够与车辆进行有效的沟通和协作。这不仅包括车辆向人类提供准确、清晰的信息，还包括人类向车辆传达指令和需求（图 7-6-1）。

图 7-6-1　人类向车辆传达指令和需求

无人驾驶汽车需要向人类提供准确、清晰的信息，这可以通过车载显示屏、语音提示等方式实现（图 7-6-2）。例如，当车辆需要转弯时，它可以通过显示屏上的箭头或语音提示告知驾驶员和乘客。这样的信息传达方式不仅要准确，还要简洁明了，以便人类能够迅速理解和做出相应的反应。

图 7-6-2 通过车载显示屏方式实现

人类也需要向无人驾驶汽车传达指令和需求（图 7-6-3）。这可以通过语音识别、手势识别等技术实现。例如，当乘客需要车辆停下来或改变目的地时，他们可以通过语音命令或手势向车辆传达自己的意图。无人驾驶汽车需要具备高度智能化的系统，才能准确理解和执行人类的指令。

图 7-6-3 向无人驾驶汽车传达指令

人机交互还需要考虑到人类的情感和心理需求。无人驾驶汽车应该能够感知和理解人类的情绪，并做出相应的反应。例如，当乘客感到紧张或不安时，车辆可以通过播放音乐（图 7-6-4）、改变座椅姿势等方式来缓解他们的情绪。这种情感化的交互可以增强人类对无人驾驶汽车的信任和舒适感。

图 7-6-4　播放音乐

　　人机交互还需要考虑到安全性和隐私保护。无人驾驶汽车需要确保与人类的交互过程不会对他们的安全造成威胁，并且要保护他们的个人隐私。例如，车辆应该能够识别和避免潜在的危险情况（图 7-6-5），并且不会收集和泄露乘客的个人信息。

图 7-6-5　避免潜在的危险情况

扫一扫
看动画视频

第8章
激光雷达和激光测距器——无人驾驶汽车的"手"

8.1

激光雷达及其分类

激光雷达（laser radar）（图 8-1-1），是以发射激光束探测目标的位置、速度等特征量的雷达系统。激光雷达是集激光、全球定位系统（GPS）和 IMU（惯性测量装置）三种技术于一身的系统，相比普通雷达，激光雷达具有分辨率高、隐蔽性好、抗干扰能力更强等优势。

8.1.1 按功能分类

（1）激光测距雷达

激光测距雷达（图 8-1-2）是指通过对被测物体发射激光光束，并接收该激光光束的反射波，记录该时间差，来确定被测物体与测试点的距离。

（2）激光测速雷达

激光测速雷达是指对物体移动速度的测量，通过对被测物体进行两次有特定时间间隔的激光测距，从而得到该被测物体的移动速度。

激光雷达测速的方法主要有两大类，一类是基于激光雷达测距原理实现，即以一定时间间隔连续测量目标距离，用两次目标距离的差值除以时间间隔就可得知目标的速度值，速度的方向根据距离差值的正负就可以确定。这种方法系统结构简单，测量精度有限，只能用于反射激光较强的硬目标。另一类是利用多普勒频移。多普勒频移是指目标与激光雷达之间存在相对速度时，接收回波信号的频率与发射信号的频率之间会产生一个频率差，这个频率差就是多普勒频移。垂直型多普勒激光雷达如图8-1-3 所示。

图 8-1-1 激光雷达

图 8-1-2 激光测距雷达

图 8-1-3 垂直型多普勒激光雷达

（3）激光成像雷达

激光成像雷达（图 8-1-4）可用于探测和跟踪目标、获得目标方位及速度信息等。它能够完成普通雷达所不能完成的任务，如探测潜艇、水雷、隐藏的军事目标等。在军事、航空航天、工业和医学领域被广泛应用。

图 8-1-4　激光成像雷达

（4）大气探测激光雷达

大气探测激光雷达主要用于探测大气中的分子、烟雾的密度、温度、风速、风向及大气中水蒸气的浓度等，以达到对大气环境进行监测及对暴风雨、沙尘暴等灾害性天气进行预报的目的。大气颗粒探测激光雷达如图 8-1-5 所示。

（5）跟踪雷达

跟踪雷达可以连续跟踪一个目标，并测量该目标的坐标，提供目标的运动轨迹。不仅用于火炮控制、导弹制导、外弹道测量、卫星跟踪、突防技术研究等，而且在气象、交通、科学研究等领域的作用也在日益扩大。

8.1.2　按工作介质分类

（1）固体激光雷达

固体激光雷达（图 8-1-6）具有峰值功率高、效率高、体积小、重量轻、可靠性高且稳定性好等特点，优先在机载和天基系统中应用。近年来，激光雷达发展的重点是二极管泵浦固体激光雷达。

（2）气体激光雷达

气体激光雷达以 CO_2 激光雷达为代表，它工作在红外波段，大气传输衰减小，探测距离远，已经在大气风场和环境监测方

图 8-1-5　大气颗粒探测激光雷达

图 8-1-6　固体激光雷达

面发挥了很大作用，但体积大，使用的碲镉汞（HgCdTe）红外探测器必须在 77K 温度下工作，限制了气体激光雷达的发展。大气臭氧探测激光雷达如图 8-1-7 所示。

（3）半导体激光雷达

半导体激光雷达能以高重复频率方式连续工作，具有长寿命、体积小、成本低和对人眼伤害小的优点，被广泛应用于后向散射信号比较强的米氏散射（Mie scattering）测量，如探测云底高度。半导体激光雷达的潜在应用是测量能见度，获得大气边界层中的气溶胶消光廓线和识别雨雪等，易于制成机载设备。目前芬兰 Vaisala 公司研制的 CT25K 激光测云仪是半导体测云激光雷达的典型代表，其云底高度的测量范围可达 7500 米。

图 8-1-7　大气臭氧探测激光雷达

8.1.3　按线数分类

（1）单线激光雷达

单线激光雷达（图 8-1-8）主要用于规避障碍物，其扫描速度快、分辨率强、可靠性高。由于单线激光雷达比多线和 3D 激光雷达在角频率及灵敏度方面反映更加快捷，所以在测试周围障碍物的距离和精度上都更加精确。但是，单线雷达只能进行平面式扫描，不能测量物体高度，有一定局限性。当前主要应用于服务机器人身上，如人们常见的扫地机器人。

图 8-1-8　单线激光雷达

（2）多线激光雷达

多线激光雷达主要应用于汽车的雷达成像，相比单线激光雷达在维度提升和场景还原上有了质的改变，可以识别物体的高度信息。多线激光雷达常规是 2.5D，而且可以做到 3D。目前在国际市场上推出的产品主要有 4 线、8 线、16 线（图 8-1-9）、32 线和 64 线。

图 8-1-9　16 线激光雷达

8.1.4 按扫描方式分类

（1）MEMS 型激光雷达

MEMS 型激光雷达可以动态调整自己的扫描模式，以此来聚焦特殊物体，采集更远、更小物体的细节信息并对其进行识别，这是传统机械激光雷达无法实现的。MEMS 整套系统只需一个很小的反射镜就能引导固定的激光束射向不同方向。由于反射镜很小，因此其惯性力矩并不大，可以快速移动，速度快到可以在不到 1 秒的时间里跟踪到 2D 扫描模式。

（2）Flash 型激光雷达

Flash 型激光雷达能快速记录整个场景，避免了扫描过程中目标或激光雷达移动带来的各种麻烦，它运行起来比较像摄像头。激光束会直接向各个方向漫射，因此只要一次快闪就能照亮整个场景。随后，系统会利用微型传感器阵列采集不同方向反射回来的激光束。Flash LiDAR 有它的优势，当然也存在一定的缺陷。像素越大，需要处理的信号就会越多，如果将海量像素塞进光电探测器，必然会带来各种干扰，其结果就是精度的下降。

（3）相控阵激光雷达

相控阵激光雷达搭载的一排发射器可以通过调整信号的相对相位来改变激光束的发射方向。

（4）机械旋转式激光雷达

机械旋转式激光雷达是发展比较早的激光雷达，目前技术比较成熟，但机械旋转式激光雷达系统结构十分复杂，且各核心组件价格也都颇为昂贵，其中主要包括激光器、扫描器、光学组件、光电探测器、接收 IC 以及位置和导航器件等。

8.1.5 按探测方式分类

（1）直接探测激光雷达

直接探测型激光雷达的基本结构与激光测距机颇为相近。工作时，由发射系统发送一个信号，经目标反射后被接收系统收集，通过测量激光信号往返传播的时间而确定目标的距离。至于目标的径向速度，则可以由反射光的多普勒频移来确定，也可以测量两个或多个距离，并计算其变化率而求得速度。

（2）相干探测激光雷达

相干探测型激光雷达有单稳与双稳之分，在所谓单稳系统中，发送与接收信号共用一个光学孔径，并由发送 - 接收开关隔离。而双稳系统则包括两个光学孔径，分别供发送与接收信号使用，发送 - 接收开关自然不再需要，其余部分与单稳系统相同。

8.1.6　按载荷平台分类

扫一扫
看动画视频

（1）机载激光雷达

机载激光雷达是将激光测距设备、GNSS 设备和 INS 等设备紧密集成，以飞行平台为载体，通过对地面进行扫描，记录目标的姿态、位置和反射强度等信息，获取地表的三维信息，并深入加工得到所需空间信息的技术。在军民用领域都有广泛的潜力和前景。机载激光雷达探测距离近，激光在大气中传输时，能量受大气影响而衰减，激光雷达的作用距离在 20 千米以内，尤其在恶劣气候条件下，比如浓雾、大雨和烟、尘，作用距离会大大缩短，难以有效工作。大气湍流也会不同程度降低激光雷达的测量精度。

（2）车载激光雷达

车载激光雷达又称车载三维激光扫描仪，是一种移动型三维激光扫描系统，可以通过发射和接收激光束，分析激光遇到目标对象后的折返时间，计算出目标对象与车的相对距离，并利用收集的目标对象表面大量的密集点的三维坐标、反射率等信息，快速复建出目标的三维模型及各种图件数据，建立三维点云图，绘制出环境地图，以达到环境感知的目的。

（3）地基激光雷达

地基激光雷达可以获取林区的 3D 点云信息，利用点云信息提取单木位置和树高，它不仅节省了人力和物力，而且提高了提取的精度，具有其他遥感方式所无法比拟的优势。

（4）星载激光雷达

星载雷达采用卫星平台，运行轨道高、观测视野广，可以触及世界的每一个角落。为境外地区三维控制点和数字地面模型的获取提供了新的途径，无论对于国防或是科学研究都具有十分重大意义。星载激光雷达还具有观察整个天体的能力，美国进行的月球和火星等探测计划中都包含了星载激光雷达，其所提供的数据资料可用于制作天体的综合三维地形图。此外，星载激光雷达在植被垂直分布测量、海面高度测量、云层和气溶胶垂直分布测量以及特殊气候现象监测等方面也可以发挥重要作用。

8.2
激光雷达的组成和工作原理

（1）激光雷达的组成

激光雷达一般由发射模块、接收模块、扫描模块和控制模块四大部分构成。

❶ 发射模块：激光器、发射光学系统。

❷ 接收模块：接收光学系统、光学滤光装置、光电探测器。

❸ 扫描模块：改变激光束的空间投射方向，由电机、微型谐振镜、相控阵等形式实现。

❹ 控制模块：完成对激光发射模块、接收模块和扫描模块的控制，以及激光雷达数据的处理和外界系统的数据传输。

机构式激光雷达的结构如图 8-2-1 所示。

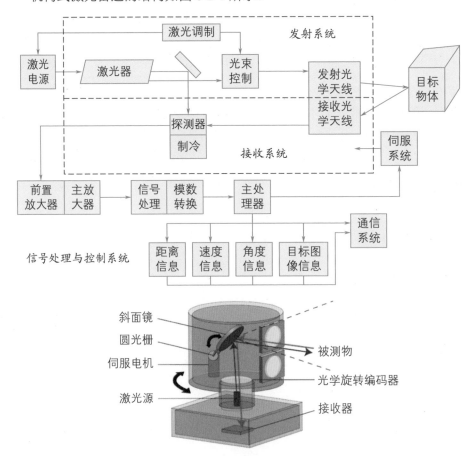

图 8-2-1　机构式激光雷达的结构

（2）激光雷达的工作原理

激光雷达的工作原理就是蝙蝠测距用的回波时间（time of flight，TOF）测量方法。光速为每秒 30 万千米，要区分目标厘米级别的精确距离，则对传输时间测量分辨率必须做到 1 纳秒。激光雷达通过红外光束光脉冲（light pluses）发射、反射和接收来探测物体，当激光光束遇到物体后，经过漫反射，返回至激光接收器，雷达模块根据发送和接收信号的时间间隔乘以光速，再除以 2，即可计算出发射器与物体的距离，但光束无法探测到被遮挡的物体（图 8-2-2）。

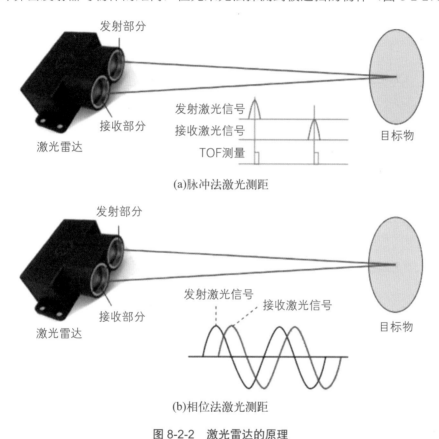

发射部分

接收部分

激光雷达

发射激光信号
接收激光信号
TOF测量

目标物

(a)脉冲法激光测距

发射部分

接收部分

激光雷达

发射激光信号

接收激光信号

目标物

(b)相位法激光测距

图 8-2-2　激光雷达的原理

8.3
激光测距器及其工作原理

激光测距器是利用调制激光的某个参数实现对目标的距离测量的仪器（图 8-3-1）。激光测距器测量范围为 3.5～5000 米。

扫一扫
看动画视频

图 8-3-1 激光测距器

它主要由激光器、发射器、接收器、计算机等组成。

激光测距器从发射器发射出一个高频激光脉冲，击中物体后反射回接收器，同时计算机记录下激光在空气中的行走时间，从而计算出与物体的距离。

激光常用于测量距离、速度和长度等。在高速公路防撞领域，采用激光雷达方式时，首先利用本车装备的激光雷达发射激光束照射到前车的反射镜（汽车尾部），然后通过检测反射回来的激光束的时间来判断两车的距离。

按技术途径可以分为脉冲式激光测距和相位式激光测距两种。脉冲式激光测距是指通过激光测距器向目标发射激光束，当信号碰到前方目标被反射回来后，只要记录激光往返的时间，用光速乘以往返时间的 1/2，即可获得目标的距离。相位式激光测距则是利用连续调制的激光光束照射被测目标，通过测量光束往返中产生相位变化，换算出被测目标的距离，这种相位式激光测距方法误差仅有百万分之一，激光测距的测量精度很高。

8.4

激光雷达在无人驾驶汽车中的应用

二维激光雷达只在一个平面上扫描，结构简单、测距速度快、系统稳定可靠，但是将二维激光雷达用于地形复杂、路面高低不平的环境时，无法完成地形的重建工作，且容易出现数据失真和虚报等现象。

三维激光雷达则可以获得车辆环境的深度信息，准确发现障碍物，构建可行驶区域，在丰富的点云数据上可获得包括车道、路沿等道路要素，还可获得非结构化道路的障碍物和可行驶区域，行驶环境中的行人和车辆，交通信号灯和交通标志等其他丰富信息。

激光雷达在无人驾驶汽车中主要有以下应用。

8.4.1　动静态障碍物检测与分类

障碍物检测是无人驾驶汽车自主导航的基本前提和安全保障。对于静态障碍物，无人驾驶汽车需要通过激光雷达准确获取障碍物的位置、宽度、长度、高度等信息，以便进行防碰撞、避障等动作（图8-4-1）。

对于动态障碍物，无人驾驶汽车需要通过激光雷达获取障碍物的横纵向移动速度、位置、长宽高、类别等信息，无人驾驶汽车可以基于移动障碍物的信息进行合理的动作规划（图8-4-2）。

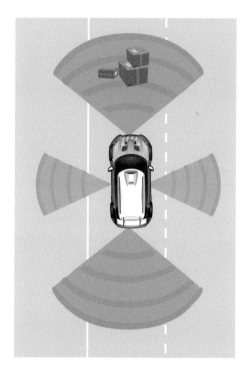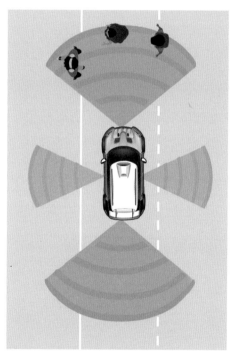

图 8-4-1　检测静态障碍物　　　　图 8-4-2　检测移动障碍物

8.4.2　道路边缘检测与道路特征识别

道路边缘检测（图8-4-3）可以让无人驾驶汽车更合理规划当前路径的可行驶区域，在 GPS 导航失效时保障无人驾驶汽车继续行驶；同时，不同颜色的道路区域反射率不同，基于此，激光雷达可以利用反射率进行车道线检测；对于多线激光雷达，无人驾驶汽车可以利用每条线之间的关系进行坡度检测。

图 8-4-3　道路边缘检测

8.4.3　激光雷达用于地图构建和定位

在自主驾驶过程中需要一个厘米级的高精度地图,结合环境模型、传感器场景和交通状况感知,最后进行驾驶决策。其中,激光雷达起到了地图采集、环境感知和辅助定位等功能。

通过采用激光雷达获取多次行驶道路的三维点云数据,进行人工标注,过滤一些点云图中的错误信息,对多次收集的点云数据进行对齐拼接,最终形成高清地图。所建立的路面模型包含较全的交通标志和交通信号灯,车道线位置、数量和宽度等,道路坡度和斜率等,还包括车道限高、下水道口、障碍物以及其他道路细节。既提供当前道路的静态环境模型,也可以通过预先存储的点云和图像特征数据来提供高精度定位(图 8-4-4)。

图 8-4-4　车辆定位

8.5
激光测距器在无人驾驶汽车中的应用

  汽车碰撞预防系统的激光测距传感器使用激光光束以不接触的方式用于识别与前后车之间的距离，当汽车间距小于预定安全距离时，汽车碰撞预防系统（图 8-5-1）对汽车进行紧急刹车，或者对司机发出报警，或者综合目标汽车速度、车距、汽车制动距离、响应时间等对汽车行驶进行即时的判断和响应。

图 8-5-1　汽车碰撞预防系统

  无人驾驶汽车车顶上方的旋转式激光测距仪（图 8-5-2）能发出 64 道激光光束，帮助汽车识别道路上潜在的危险。该激光的强度比较高，能计算出 200 米范围内物体的距离，并借此创建出环境模型。

图 8-5-2　旋转式激光测距仪

该设备在高速旋转时向周围发射 64 束激光，激光碰到周围的物体并返回，便可计算出车体与周边物体的距离。计算机系统再根据这些距离数据描绘出精细的 3D 地形图（图 8-5-3），然后与高分辨率地图相结合，生成不同的数据模型供车载计算机系统使用。

图 8-5-3　3D 地形图

扫一扫
看动画视频

第9章
车联网——无人
驾驶汽车的"神经"

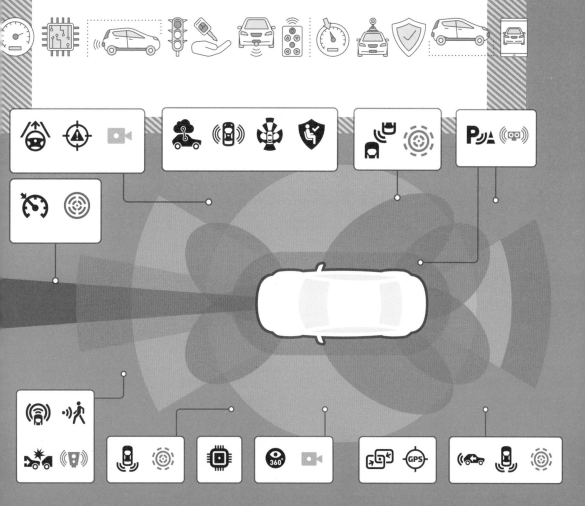

9.1
车联网的含义

车联网（connected car）是指通过无线通信技术将汽车与互联网连接起来的概念（图 9-1-1）。它集成了车辆电子系统、传感器、无线通信、云计算和人工智能等技术，使汽车具备了智能化、互联化和自动化的能力。

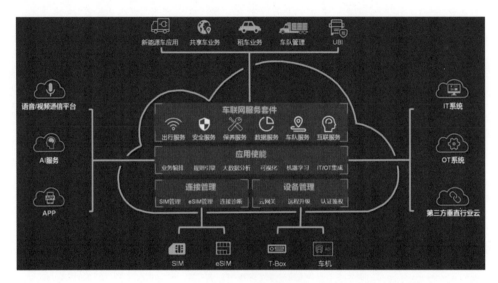

图 9-1-1　车联网

车联网的核心在于利用无线通信技术（图 9-1-2），如卫星无线通信、移动蜂窝网络等，实现车辆与外部世界的实时信息交换和共享。这种连接使得车辆能够获取实时导航信息、路况信息、交通流量数据等，从而提高驾驶效率和安全性。

车联网还支持多种功能，如车对车通信（图 9-1-3）、车对人通信、车对路通信，以及通过车载终端实现对车辆运行状态的数据采集、存储和发送。此外，车联网还促进了智能驾驶技术的发展，如无人驾驶、人机交互、智能语音识别等，为驾驶者提供更加安全、舒适、智能的驾驶体验。

图 9-1-2　无线通信技术

扫一扫
看动画视频

图 9-1-3　车对车通信

9.2
车联网系统的组成

（1）数据感知层

承担车辆与道路交通信息的感知和采集（图 9-2-1），实现对车辆自身属性以及车辆外在环境（如道路、人、车等）静、动态属性的提取。

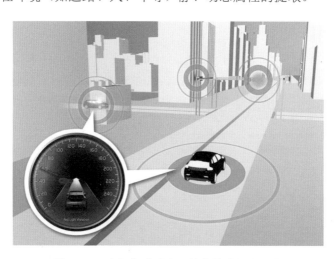

图 9-2-1　车辆与道路交通信息的感知和采集

（2）网络传输层

通过制定满足业务传输需求的网络架构和协议模型，整合不同实体所感知到的数据，为应用程序（图9-2-2）提供透明的信息传输服务。

图 9-2-2 应用程序

（3）应用层

实现智能交通管理、车辆安全控制、交通事件预警（图9-2-3）等功能，并为车联网用户提供车辆信息查询、信息订阅、事件告知等各类服务功能。

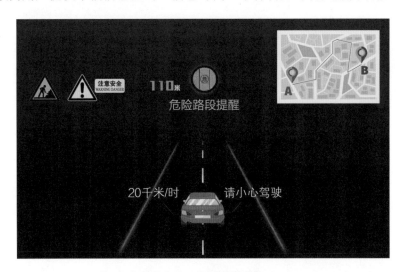

图 9-2-3 交通事件预警

（4）车载通信模块

实现车辆与互联网通信（图9-2-4）的关键。

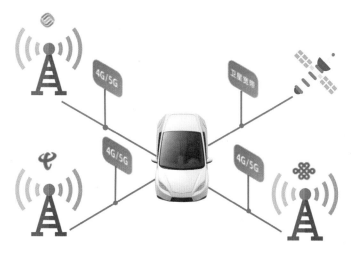

图 9-2-4　车辆与互联网通信

（5）车载传感器（图9-2-5）

用于采集车辆各种信息，如车速、转向角、加速度等。

扫一扫
看动画视频

图 9-2-5　车载传感器

（6）车载计算平台（图9-2-6）

负责接收、存储和处理来自车载传感器和通信模块的数据。

图9-2-6　车载计算平台

（7）云端平台（图9-2-7）

负责接收、存储和处理来自车载计算平台的数据，并提供数据分析、数据挖掘和预测模型等功能。

图9-2-7　云端平台

（8）移动应用（图9-2-8）

车主与车联网系统进行交互的工具。

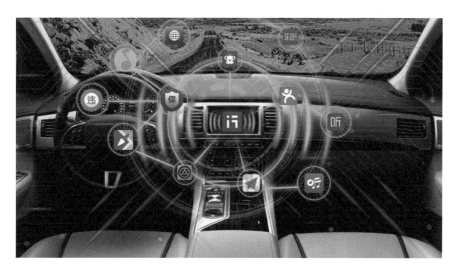

图 9-2-8　移动应用

（9）后台管理系统（图9-2-9）

对车联网系统进行管理和监控。

图 9-2-9　后台管理系统

（10）第三方服务接口

车联网系统可以与第三方服务进行集成，如导航服务（图 9-2-10）、车险服务、道路救援服务等。

图 9-2-10　导航服务

（11）车辆标识系统

通过标志以 RFID 和图像识别系统（图 9-2-11）为主进行识别。

图 9-2-11　图像识别系统

（12）路边设备系统

沿交通路网设置，采集车流量信息，分析拥堵段信息（图 9-2-12）。

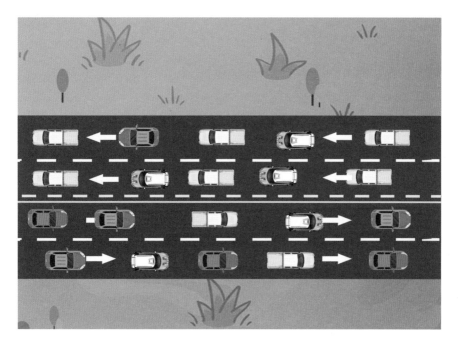

图 9-2-12　分析拥堵段信息

（13）信息通信网络系统

包括 Wi-Fi、移动网络（图 9-2-13）、无线网络、蓝牙网络等。

图 9-2-13　移动网络

（14）T-BOX

装在车内的一个通信部件，主要功能为接收远程诊断和控制请求（图 9-2-14）后，在 CANBUS 上发起诊断及控制命令。

（15）HMI

人机交互，实现人通过点击屏幕、语音、手势、人脸等方式与车进行交互。

图 9-2-14　接收远程诊断和控制请求

9.3
车联网系统的工作原理

通过装载在车辆上的电子标签以及道路两旁的无线射频等识别技术，实现在信息网络平台上对所有车辆的属性信息和静、动态信息进行利用，并根据不同需求对所有车辆的运行状态进行有效的监管和提供综合服务（图 9-3-1）。

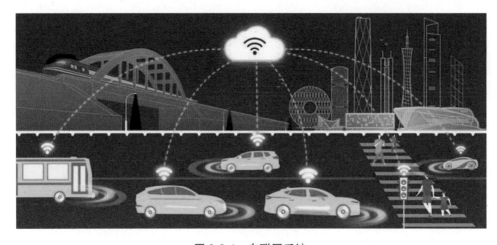

图 9-3-1　车联网系统

9.4
车联网技术在无人驾驶汽车中的应用

9.4.1 智能驾驶

车联网系统在智能驾驶领域的应用非常广泛。通过车载传感器获取车辆周围的道路和交通情况，将数据上传到云端进行处理和分析，车辆可以实现自动驾驶、自动导航、自动泊车（图 9-4-1）等功能。这不仅可以提高驾驶的安全性和便捷性，而且可以改善交通拥堵问题，提高交通效率。

图 9-4-1 自动泊车

9.4.2 车辆远程监控和管理

车联网系统可以实现对车辆进行远程监控和管理（图 9-4-2）。车主可以通过手机应用或者电脑登录云端平台，实时监控车辆的位置、状态和行驶数据，还可以远程进行车辆的锁车、解锁、启动等操作。这种功能对于车辆安全和防盗非常有用，同时方便了车主的日常管理和使用。

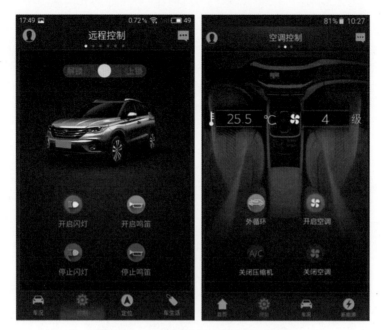

图 9-4-2　对车辆进行远程监控和管理

9.4.3　智能交通管理

车联网系统可以在智能交通管理中起到重要的作用。通过收集和分析车辆的行驶数据及交通状况，智能交通管理系统可以动态调整交通信号灯、制定最优的交通路线（图 9-4-3），以最大限度地优化交通流动，减少交通事故和拥堵情况。

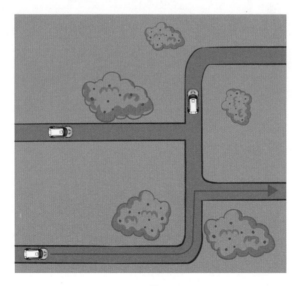

图 9-4-3　制定最优的交通路线

9.4.4 车辆保险和车辆维修

车联网系统可以在车辆保险和车辆维修（图 9-4-4）方面提供便利。通过收集车辆的行驶数据和驾驶行为，保险公司可以制定个性化的保险方案，根据车辆的使用情况调整保费，并及时提供故障诊断和预警，提高车辆的安全性和可靠性。

图 9-4-4　车辆维修

9.4.5 V2X 通信技术

（1）V2X 通信技术的定义

V2X（vehicle to everything）通信技术（图 9-4-5）又称为车用无线通信技术，本质上是一种物联网技术，V 代表的是车辆，X 代表的是道路、人、车等一切可以连接的设备。

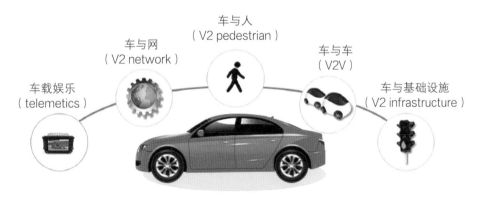

图 9-4-5　V2X 通信技术

V2X 的本质就是通过道路、行人、车辆间的协调实现整个道路运输的智能化。比如前面有车辆要并线，前车可以发一个指令给基站，基站再通知后方的车辆。比如有人要过马路，可以提前通过手机发指令，要求即将通行的车辆注意避让。诸如此类的协同需要车辆生产商、通信设备厂商、运营服务商的通力配合，是一个庞大的产业链协调分工，需要国家有相关标准推动。

（2）V2X 场景分类

V2X 的各个场景包括：车与车之间（vehicle to vehicle，V2V）、车与路之间（vehicle to infrastructure，V2I）、车与人之间（vehicle to pedestrian，V2P）、车与网络之间（vehicle to network，V2N）的交互。

❶ V2V　V2V 是最经典的场景，指的是道路上车辆之间的通信。典型的就是前方车辆并道，后方车辆避让（图 9-4-6）。

图 9-4-6　V2V 场景（车辆制动警示）

❷ V2I　V2I 是指车载设备与路侧基础设施（如红绿灯、交通摄像头、路侧单元等）进行通信，路侧基础设施也可以获取附近区域车辆的信息并发布各种实时信息。V2I 通信主要应用于实时信息服务、车辆监控管理、不停车收费等。

❸ V2P　V2P 是指弱势交通群体（包括行人、骑行者等）使用用户设备（如手机、笔记本电脑等）与车载设备进行通信。V2P 通信主要应用于避免或减少交通事故、信息服务等。

❹ V2N　V2N 是指车载设备通过接入网/核心网与云平台连接，云平台与车辆之间进行数据交互，并对获取的数据进行存储和处理，提供车辆所需要的各类应用服务。V2N 通信主要应用于车辆导航、车辆远程监控、紧急救援、信息娱乐服务等。

（3）V2X 通信关键技术

蜂窝（cellular）是负责解决设备间通信的技术，目前在国内主推的是我国主导的 LTE-V2X 和 5G-V2X，从技术角度讲，LTE-V2X 可以支持向 5G-V2X 平滑迁移。

从技术角度讲，V2X 比较核心的技术是如何解决通信问题。如果两辆时速200 千米的车背向行驶，如果想有效解决这两辆车之间的通信问题，需要解决高多普勒频率扩展问题以及信道时变问题。

V2X 场景分类如图 9-4-7 所示。

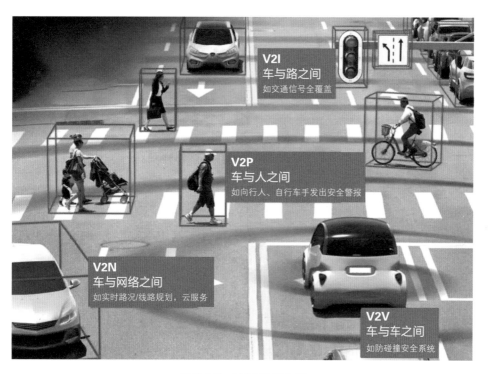

图 9-4-7　V2X 场景分类

9.4.6　射频识别技术

（1）射频识别技术的定义

射频识别（RFID）技术（图 9-4-8）也称为电子标签，是一种无线通信技术，可以通过无线电信号识别特定目标并读写相关数据，而无须识别系统与特定目标之间建立机械或者光学接触，所以，它是一种非接触式的自动识别技术。射频识别系统主要由电子标签、读写器和天线等部分组成。

图 9-4-8　射频识别技术

（2）射频识别技术的工作原理

标签进入阅读器后，接收阅读器发出的射频信号，凭借感应电流所获得的能量发送出存储在芯片中的产品信息（passive tag，无源标签或被动标签），或者由标签主动发送某一频率的信号（active tag，有源标签或主动标签），阅读器读取信息并解码后，送至中央信息系统进行有关数据处理。

（3）射频识别技术的应用

❶ 用于交通信息的采集，如采集机动车流量、车辆平均车速、道路拥堵状况。

❷ 智能交通控制，如交通信号优化控制、公交信号优化控制、特定区域出入管理。

❸ 违章、违法行为检测。与视频监控、视频抓拍系统配合，通过 RFID 射频识别设备对过往车辆进行检测、抓拍和身份判别。

❹ 电子不停车收费系统、无钥匙系统（图 9-4-9）、汽车防伪查询等。

图 9-4-9　无钥匙系统

9.4.7 DSRC 通信技术

DSRC 即 dedicated short range communications（专用短程通信技术）。

DSRC 是一种高效的无线通信技术，它可以实现特定小区域内（通常为数十米）对高速运动下的移动目标的识别和双向通信，例如车辆的"车 - 路""车 - 车"双向通信，实时传输图像、语音和数据信息，将车辆和道路有机连线（图 9-4-10）。

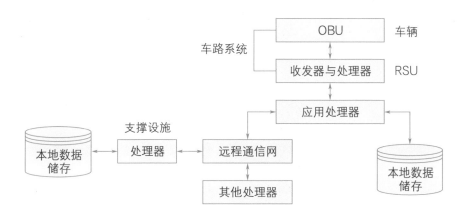

图 9-4-10　DSRC 通信技术架构

在 ETC 系统中，OBU 使用 DSRC 技术，建立与 RSU 之间微波通信链路，在车辆行进途中，在不停车的情况下，实现车辆身份识别，电子扣费，实现不停车、免取卡，建立无人值守车辆通道。

在高速公路收费，或者在车场管理中，都使用 DSRC 技术实现不停车快速车道（图 9-4-11）。自 2013 年开始，所有的军车都安装 OBU，通过 DSRC 技术实现车辆身份识别。

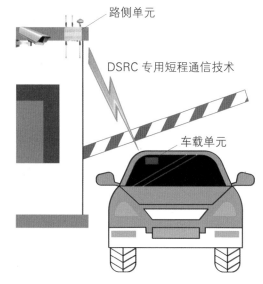

图 9-4-11　DSRC 通信技术的应用

9.4.8 LTE-V通信技术

LTE-V是我国具有自主知识产权的V2X技术，是按照全球统一规定的体系架构及其通信协议和数据交互标准，在车辆与车辆（V2V）（图9-4-12）、车辆与基础设施（V2I）、车辆与行人（V2P）之间组网，构建数据共享交互桥梁，助力实现智能化的动态信息服务、车辆安全驾驶、交通管控等。

图9-4-12　车辆与车辆（V2V）

LTE-V通信技术由用户终端、路侧单元（RSU）和基站3部分组成（图9-4-13），定义了两种通信方式，即蜂窝链路式和短程直通链路式。

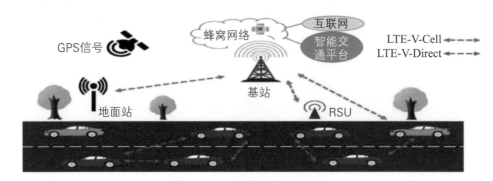

图9-4-13　LTE-V通信技术的组成

9.4.9 5G通信技术

（1）5G通信技术的定义

第五代移动通信技术（5th generation mobile communication technology，简

称 5G）是具有高速率、低时延和大连接特点的新一代宽带移动通信技术（图 9-4-14），5G 通信设施是实现人机物互联的网络基础设施。

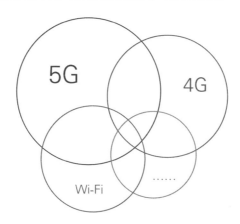

图 9-4-14　5G 通信技术

　　5G 是 4G 的延伸，是对现有无线接入技术（包括 3G、4G 和 Wi-Fi）的技术演进，以及一些新增的补充性无线接入技术集成后解决方案的总称。

（2）5G 通信技术的特点

　　❶ 高速度　对于 5G 的基站峰值要求不低于 20Gbit/s，高速度给未来对速度有很高要求的业务提供了机会和可能。

　　❷ 泛在网　泛在网有两个层面的含义，一是广泛覆盖，二是纵深覆盖。

　　❸ 低功耗　5G 要支持大规模物联网应用，就必须要有功耗的要求。如果能把功耗降下来，让大部分物联网产品一周充一次电，甚至一个月充一次电，就能大大改善用户体验，促进物联网产品的快速普及。

　　❹ 低时延　5G 时延降低到 1ms。

　　❺ 万物互联　5G 时代，终端不是按人来定义的，因为每人可能拥有数个、每个家庭可能拥有数个终端。通信业对 5G 的愿景是每一平方千米，可以支撑 100 万个移动终端。

　　❻ 重构安全　在 5G 基础上建立的是智能互联网，智能互联网不仅要实现信息传输，而且要建立起一个社会和生活的新机制与新体系。智能互联网的基本精神是安全、管理高效、方便，这就需要重新构建安全体系。

（3）5G 通信技术在车联网与自动驾驶的应用

　　5G 车联网（图 9-4-15）助力汽车、交通应用服务的智能化升级。5G 网络的大带宽、低时延等特性，支持实现车载 VR 视频通话、实景导航等实时业务。借助于车联网 C-V2X（包含直连通信和 5G 网络通信）的低时延、高可靠和广播传输特性，车辆可实时对外广播自身定位、运行状态等基本安全消息，交通灯或电子标志标识等可广播交通管理与指示信息，支持实现路口碰撞预警、红绿灯诱导通行等应用，显著提升车辆行驶安全和出行效率，后续还将支持实现更高等级、复杂场景的自动驾驶服务，如远程遥控驾驶、车辆编队行驶等。5G网络可支持港口岸桥区的自动远程控制、装卸区的自动码货以及港区的车辆无人驾驶应用，显著降低自动导引运输车控制信号的时延以保障无线通信质量与作业可靠性，可使智能理货数据传输系统实现全天候、全流程的实时在线监控。

图 9-4-15　5G 车联网

扫一扫
看动画视频

第10章
精确定位——无人
驾驶汽车的"脚"

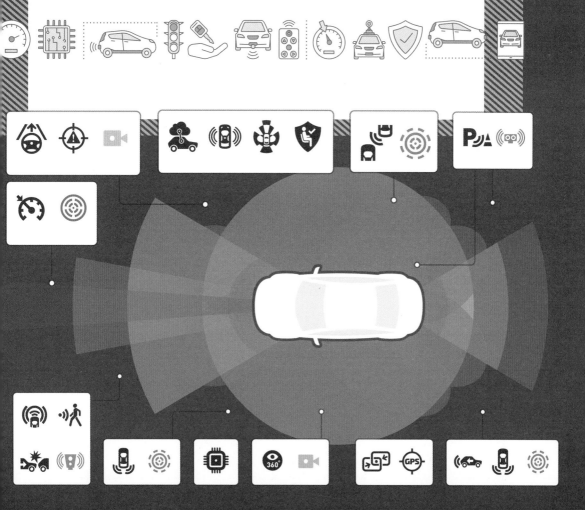

10.1
精确定位的含义

卫星定位（GNSS）是将多个全球定位系统（GPS、北斗、伽利略等）融合起来得到最终的定位结果，并可以通过差分定位（RTK）进一步减小定位误差；组合导航定位（卫星定位+RTK+惯导+车辆信息）比单独卫星定位拥有更高的精度和可靠性。

定位的作用：为下游算法模块提供车辆位姿信息［位置＋姿态（角度）＝位姿］，例如路径规划模块依据车辆当前位姿和车道信息等计算后续最优化的行驶路径，控制模块根据车辆当前位姿相对于规划的车道路径的偏移给出控制指令，感知模块根据相对于车辆的物体位置和车辆的位姿解算出物体在全局坐标系里的位置，可以按全局坐标系位置实现对物体跟踪（图10-1-1）。

扫一扫
看动画视频

图 10-1-1　汽车定位

10.2
精确定位系统的组成

卫星定位系统由卫星、地面监控设备、GPS用户组成（图10-2-1）。

（1）卫星

大约有30颗GPS卫星，在距离地球约2万千米的太空运行。

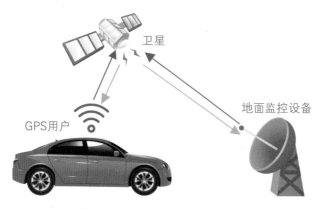

图 10-2-1　卫星定位系统的组成

（2）地面监控设备

　　分散在世界各地，用于监视和控制卫星，其主要目的是让系统保持运行，并验证 GPS 广播信号的精确度。

（3）GPS 用户

　　由 GPS 接收机和 GPS 数据处理软件组成。

10.3
精确定位系统的工作原理

　　精准定位工作原理主要涉及以下方面。

（1）卫星信号接收（图 10-3-1）

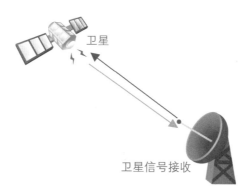

扫一扫
看动画视频

图 10-3-1　卫星信号接收

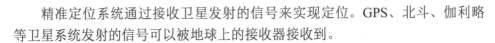

精准定位系统通过接收卫星发射的信号来实现定位。GPS、北斗、伽利略等卫星系统发射的信号可以被地球上的接收器接收到。

（2）信号解算

接收到卫星信号后，精准定位系统会通过对信号进行解算来确定自身的位置。解算的过程需要考虑接收到的信号的时间差、信号传播速度等因素。

（3）基站辅助

除了卫星信号外，精准定位系统还可以通过基站辅助的方式来提高定位精度。基站可以提供更准确的位置信息，从而帮助系统更精确地定位。

（4）滤波处理

精准定位系统还需要对接收到的信号进行滤波处理，以消除误差和干扰。在信号处理过程中，系统会运用滤波算法，去除噪声和干扰，从而提高定位精度。

10.4
精确定位技术在无人驾驶汽车中的应用

在自动驾驶领域，高精度定位技术是实现精准导航和定位的关键（图 10-4-1）。通过使用全球卫星导航系统（如GPS）结合惯性测量单元（IMU）和其他传感器，可以准确地确定车辆的位置、方向和速度。这使得自动驾驶汽车能够实

图 10-4-1　无人驾驶汽车定位

时感知和响应道路环境，进行精确的导航和路径规划，提高行驶的安全性和效率。例如，Waymo（谷歌的自动驾驶部门）使用了精准的 GPS 定位系统和激光雷达等传感器，以实时获取车辆的位置、周围环境的地图信息，从而实现高精度的导航和行驶决策。

无人驾驶汽车定位的方法如下。

10.4.1 差分全球卫星定位系统

（1）差分全球卫星定位系统的定义

差分全球卫星定位系统（DGPS）是在 GPS 的基础上利用差分技术使用户能够从 GPS 系统中获得更高的精度（图 10-4-2）。它由基准站、数据传输设备和移动站组成。

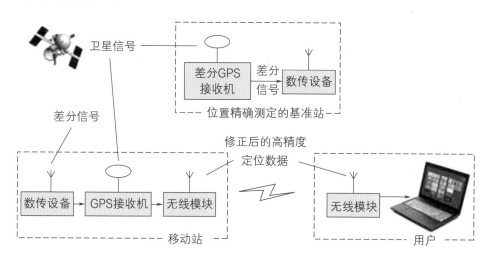

图 10-4-2　差分全球卫星定位系统

（2）差分全球卫星定位系统的位置差分

❶ 安装在基准站上的 GPS 接收机观测 4 颗卫星后便可进行三维定位，解算出基准站的观测坐标。

❷ 由于存在轨道误差、时钟误差、大气影响、多径效应以及其他误差等，解算出的观测坐标与基准站的已知坐标是不一样的，存在误差。

❸ 将已知坐标与观测坐标之差作为位置改正数，通过基准站的数据传输设备发送出去，由移动站接收，并且对其解算的移动站坐标进行改正。

❹ 位置差分法适用于用户与基准站间距离在 100km 以内的情况。

10.4.2 GPS/DR组合导航定位系统

（1）GPS/DR组合导航定位系统的定义

车辆航位推算（DR）方法是一种常用的自主式车辆定位技术，它不用发射接收信号，不受电磁波影响，机动灵活，只要车辆能达到的地方都能定位。

DR是利用载体上某一时刻的位置，根据航向和速度信息，推算得到当前时刻的位置，即根据实测的汽车行驶距离和航向，计算其位置和行驶轨迹。它一般不受外界环境影响，但由于其本身误差是随时间积累的，单独工作时不能长时间保持高精度。

（2）GPS/DR组合导航定位系统的组成

GPS/DR组合导航定位系统由GPS以及电子罗盘、里程计和导航计算机等组成（图10-4-3）。

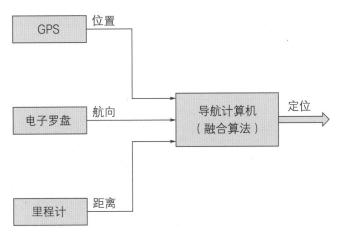

图 10-4-3　GPS/DR 组合导航定位系统的组成

10.4.3 北斗卫星导航定位系统

（1）北斗卫星导航定位系统的定义

北斗卫星导航定位系统（BDS）（图10-4-4）是由中国自行研制开发的区域性有源三维卫星定位与通信系统，是继美国的GPS、俄罗斯的GLONASS之后第三个成熟的卫星导航定位系统。北斗卫星导航定位系统致力于向全球用户提供高质量的定位、导航和授时服务，其建设与发展则遵循开放性、自主性、兼容性渐进性这4项原则。

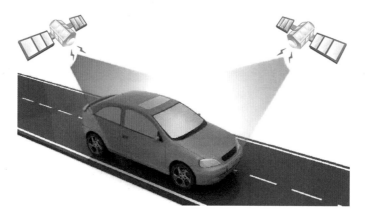

图 10-4-4　北斗卫星导航定位系统

（2）北斗卫星导航定位系统的组成

北斗卫星导航定位系统由卫星段、地面段和用户段三部分组成（图 10-4-5），可在全球范围内全天候、全天时为各类用户提供高精度、高可靠定位、导航、授时服务，并且具备短报文通信能力，已经初步具备区域导航、定位和授时能力，定位精度为分米、厘米级别，测速精度 0.2 米 / 秒，授时精度 10 纳秒。

图 10-4-5　北斗卫星导航定位系统的组成

（3）北斗卫星导航定位系统的特点

❶ 空间段采用三种轨道卫星组成的混合星座，与其他卫星导航定位系统相比，高轨卫星更多，抗遮挡能力强，尤其在低纬度地区性能优势更为明显。

❷ 提供多个频点的导航信号，能够通过多频信号组合使用等方式提高服务精度。

❸ 创新融合了导航与通信功能，具备定位导航授时、星基增强、地基增

强、精密单点定位、短报文通信和国际搜救等多种服务能力。

10.4.4　惯性导航系统

（1）惯性导航系统的定义

惯性导航系统（INS）是一种利用惯性传感器测量载体的角速度信息，并结合给定的初始条件实时推算速度、位置、姿态等参数的自主式导航系统。具体来说，惯性导航系统属于一种推算导航方式。即从一个已知点的位置根据连续测得的运动载体航向角和速度推算出其下一个点的位置，因而可连续测出运动体的当前位置。

惯性导航系统一般采用加速度传感器和陀螺仪传感器来测量载体参数（图10-4-6）。

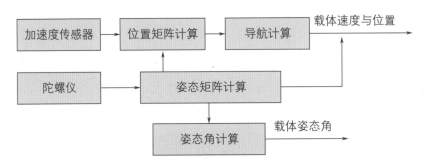

图 10-4-6　惯性导航系统测量载体

加速度传感器和陀螺仪结合是就是惯性测量单元（IMU）（图10-4-7），一个解决速度，一个解决方向。IMU 的一个重要特征在于它以高频率更新，其频率可达到 1000 赫兹，所以 IMU 可以提供接近实时的位置信息。

扫一扫
看动画视频

图 10-4-7　惯性测量单元

惯性导航系统可以看成是 IMU 与软件的结合。通过内置的微处理器，能够以最高 200 赫兹的频率输出实时的高精度三维位置、速度、姿态信息。

（2）惯性导航系统的作用

❶ 弥补 GPS　在 GPS 信号丢失（图 10-4-8）或者很弱的情况下，暂时填补 GPS 留下的空缺，用积分法取得最接近真实的三维高精度定位。

图 10-4-8　GPS 信号丢失

❷ 配合激光雷达　GPS+IMU 为激光雷达的空间位置和脉冲发射姿态提供高精度定位（图 10-4-9），建立激光雷达云点的三维坐标系。

图 10-4-9　激光雷达定位

10.4.5 通信基站定位

基站作为移动通信网络不可缺少的网元，是移动终端与移动网络之间交互的重要组成部分。随着移动通信网络的迅速发展，更多的移动终端接入移动通信网络中，越来越多的基站被建立起来，几乎遍布世界的每一个角落，为终端用户提供通信服务。所以移动通信网络中最基本的定位技术就是基于基站的定位技术（图 10-4-10）。

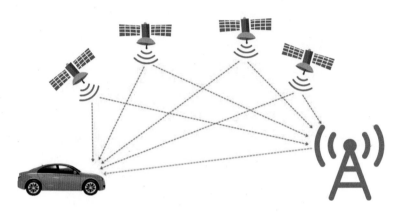

图 10-4-10　通信基站定位

常用的无线定位技术包括到达角（AOA）定位、到达时间（TOA）定位、到达时间差（TDOA）定位法等。

（1）到达角定位

❶ 定义　信号到达角定位技术最初由军方和政府机构共同研发，后来被运用到模拟无线通信中。由于数字移动通信具有信号短和信道共享的特点，该技术很难成功用于数字系统。该技术的一般版本叫"小缝隙方向寻找"。它需要在每个蜂窝小区的基站放置 4～12 组天线阵列，这些天线阵列共同工作，由此确定移动设备传送信号相对基站的角度。当有不少于两个基站都发现了该信号源的角度时，分别从这些基站的角度引出射线，这些射线的交点就是移动目标的位置。

❷ 定位原理　信号到达角定位技术是由两个或更多基站通过测量接收信号的到达角来估计移动用户的位置。接收机通过天线阵列测出电波的入射角，从而构成一根从接收机到发射机的径向连线，即方位线。基站利用接收机天线阵列测出接收到的移动终端发射电波的入射角（信号的方向），构成从接收机（基站）到移动终端的径向连线，即方位线。两根连线的相交点即为移动终端的位置。测量两个基站的到达角就能确定目标移动终端的位置。利用两个或两个以上接收机提供的到达角测量值，按到达角定位算法确定多条方位线的焦点，即

为待定位移动终端的估计位置。

❸ 定位精度　当移动终端距离基站较远时，基站定位角度的微小偏差会产生定位距离的较大误差。多径传播和其他环境因素的影响，也会严重影响定位精度。在室内环境下，周围的物体或墙体都会阻挡视距（line of sight，LOS）信号路径，因此，到达角技术不适用于低成本的室内定位系统，较适合多径影响较小的郊区。

❹ 使用条件　到达角定位法需要在基站处架设昂贵的高精度智慧型天线阵列，在每个小区基站上需放置4～12组的天线阵，且只能从反向链路定位。

（2）到达时间定位

❶ 定义　信号到达时间（time of arrival，TOA）定位技术与场强定位技术的定位原理相类似，也是首先获得移动目标到3个基站的距离，由此确定的3个圆的交点进一步确定了移动目标的位置。不同之处在于TOA技术中测量的是移动目标上行信号到大基站的传播时间。由于电波的传播速率是已知的，将传播时间与速率相乘即可直接计算出移动目标与基站的间距。为了精确地测量信号的传播时间，TOA技术要求移动目标和基站的时间精确同步。

❷ 工作原理　信号到达时间定位方法是通过测量移动终端发出的定位信号（上行链路信号）到达多个基站的传播时间来确定移动终端的位置，该方法至少需要3个基站。发射的信号在自由空间中的传播速度为光速，当一个基站检测到一个信号时可以确定其绝对的到达时间。如果同时知道移动终端发射信号的时间，则这两个信号的时间差可以用来估计信号从移动终端到基站经历的时间。经过3次（二维空间）或4次（三维空间）测量即可确定目标的位置。

❸ 定位精度　TOA定位技术的定位精度一般优于到达角度定位技术和起源蜂窝小区定位技术，回响时间比起源蜂窝小区定位或增强型观测时间差定位法更长。多径效应也限制了TOA定位技术的室内定位。

❹ 使用条件　TOA定位技术要求接收信号的基站知道信号的开始传输时刻，并要求移动终端和基站的时间精确同步。TOA定位技术无须改造现有移动终端，但不适用于没有时钟同步的系统（如GSM）。如果网络能够为基站提供统一的时间参考，就可以套用TOA技术的一个变种：到达时间差TDOA定位技术。时间参考可通过安装GPS设备或在网络中设定时间参考点来提供。

（3）到达时间差定位

TOA定位技术不适用于没有时钟同步的系统（如GSM和UMTS TDD）。但只要网络能为基站提供统一的时间参考，还是可以套用TOA技术的一个变种：信号到达时间差（TDOA）技术。

❶ 上行链路信号到达时间差（TDOA）方法　上行链路信号到达时间差（TDOA）方法是一种基于移动终端上行信号的传输时间差的定位技术，是TOA

技术的一个变种，通过计算信号从移动终端到不同基站的传输时间差来获得位置信息。TDOA 技术需要测量的是移动目标上行信号到达不同基站的传播时间差。根据移动目标信号经过不同路径到达两个基站的时间差，可以确定一个双曲线，因此至少需要 3 个基站进行 4 次测量，以便确定两条双曲线，根据双曲线的交点，可以确定移动目标的位置。基站的时间参考点可以通过安装 GPS 设备或在网络中设定时间参考点来实现。

TDOA 在市区提供的定位精度会比起源蜂窝小区（Cell of Origin，COO）定位好一些，但是需要比起源蜂窝小区定位法或增强型观测时间差定位法更长的回响时间。定位业务繁忙时会对网路产生较大的信令负担。信号到达时间差定位技术受多径干扰的影响较大，在 CDMA 网路中使用的精度较高，因为 CDMA 网路本身具有抗多径干扰能力，实测结果可达 55 米，有望进一步提高到 10～20 米。

TDOA 技术要求所有参与定位的基站之间必须完全时间同步。但不需知道从移动终端发射的时间，也不需移动终端与基站之间的同步，在夜间环境下性能相对优越。TDOA 技术无需对手机进行修改，因此可以直接向现有用户提供定位服务。在 AMPS、GSM、WCDMA、窄带 CDMA 和 CDMA2000 网路中均可探用 TDOA 方法。由于 TDOA 定位方法精度较高，且只需对其网路端进行修改即可，因此，在没有其他适合 WCDMA 网路的新型定位方法出现的情况下，到达时间差 TDOA 定位技术将成为 WCDMA 网路中的主导定位技术。

❷ 下行链路信号到达时间差（EOTD）技术 下行链路信号到达时间差技术又可称为增强型观测时间差（EOTD）定位法，是由移动终端执行测量，观察不同基站信号到达时间差的技术。该技术在不同系统的标中的名称不同：在 GSM 中称为增强型观测时间差（EOTD）定位法，在 UMTS 中称为到达观测时间差（OTDOA）定位法，在 CDMA2000 中称为高级前向链路三角测量法（AFLT）。

该定位方法是在较广区域内的许多站点上，放置位置测量单元以覆盖无线网路，每个 LMU 都有精确的定时源，为基站提供统一的时间参考，并辅助定位测量来实现定位的。移动终站和位置测量单元接收到来自至少 3 个基站的信号时，从每个基站到达移动终端和位置测量单元的时间差都将被计算出来，由此估计出移动终端的位置。位置测量单元和基站的比例至少要保证每个基站都能看到一个位置测量单元。

EOTD 定位法的定位精度比起源蜂窝小区（CELL-ID）定位法高 50～125 米，回响速度约为 5 秒。EOTD 定位法会受到市区的多径效应的影响，特别是当没有直达路径的情况下，将影响定位精度。当处于郊区时，移动终端周围基站很少时，该定位方法可能完全失效。

第11章
大数据、机器学习和工控机——无人驾驶汽车的"大脑"

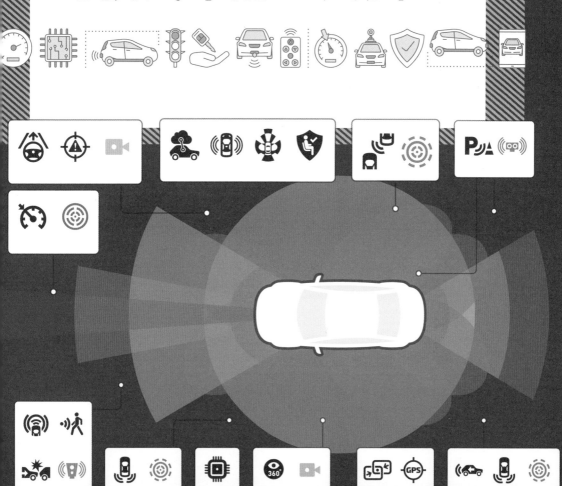

11.1
大数据、机器学习和工控机的含义

（1）大数据的含义

大数据（图 11-1-1）是一种规模大到在获取、存储、管理、分析方面大大超出传统数据库软件工具能力范围的数据集合，具有海量的数据规模、快速的数据流转、多样的数据类型和价值密度低四大特征。

（2）机器学习的含义

机器学习（图 11-1-2）是一种人工智能技术，通过对数据的学习和分析，让计算机系统自动提高其性能。简而言之，机器学习是一种从数据中学习规律和模式的方法，通过数据来预测、分类或者决策。

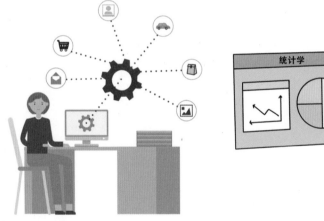

图 11-1-1　大数据　　　　　　　　图 11-1-2　机器学习

（3）工控机的含义

工控机（图 11-1-3）的全称为工业控制计算机（industrial personal computer，IPC），是一种专门设计用于工业环境中的计算机设备。它具备计算机的主要属性和特征，如拥有计算机主板、CPU、硬盘、内存、外设及接口，并配备操作系统、控制网络和协议、计算能力以及友好的人机界面。

图 11-1-3　工控机

11.2

大数据的组成

❶ 基础设施层（图 11-2-1）　提供物理或虚拟的计算、网络和存储能力。

图 11-2-1　大数据基础设施层

❷ 数据平台层　提供结构化和非结构化数据的物理存储、逻辑存储能力。

❸ 计算分析层　提供处理大量、高速、多样和多变数据的分析计算能力。

❹ 大数据管理（图 11-2-2）　提供大数据平台的辅助服务能力。

❺ 数据智能感知层　主要包括数据传感体系、网络通信体系、传感适配体

系、智能识别体系及软硬件资源接入系统，实现对结构化、半结构化、非结构化的海量数据的智能化识别、定位、跟踪、接入、传输、信号转换、监控、初步处理和管理等。

❻ 数据采集（图 11-2-3） 是大数据分析的首要环节，需要依赖于大量的原始数据，这些数据可以来自不同的渠道，如传感器、社交媒体、互联网等。

图 11-2-2　大数据管理　　　　　　　　图 11-2-3　数据采集

❼ 数据存储（图 11-2-4） 是大数据分析的基础，需要使用分布式存储系统来存储和管理这些数据，如 Hadoop、NoSQL 等。

❽ 数据处理　是对采集到的不同的数据集进行的进一步集成处理或整合处理，将来自不同数据集的数据收集（图 11-2-5）、整理、清洗、转换后，生成到一个新的数据集，为后续查询和分析处理提供统一的数据视图。

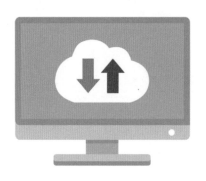

图 11-2-4　数据存储　　　　　　　　　图 11-2-5　数据收集

❾ 数据挖掘　是通过使用各种数据挖掘算法和技术，从数据中发现隐藏的模式、趋势和规律。

❿ 数据可视化（图 11-2-6） 是将分析结果以图形化的方式展示出来，使数据更易于理解和分析。

网民平均每周上网时长   单位：小时

25.7 26.9 28.3 30.5 31.6 33.8

2016年 2017年 2018年 2019年 2020年 2021年

图 11-2-6　数据可视化

⓫ 数据应用　是指将大数据应用于实际的业务场景中，为企业带来价值。

11.3
大数据的工作原理

（1）大数据的收集

大数据的收集（图 11-3-1）是整个工作链条的第一步，也是最为关键的一步。在大数据时代，人们所使用的各类设备和应用程序都会产生海量的数据。例如，智能手机、传感器、社交媒体等，都可以通过数据采集技术来获取用户行为、设备状态、环境变化等各类信息。

扫一扫
看动画视频

图 11-3-1　大数据的收集

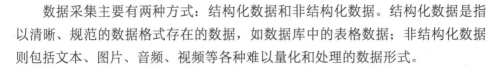

数据采集主要有两种方式：结构化数据和非结构化数据。结构化数据是指以清晰、规范的数据格式存在的数据，如数据库中的表格数据；非结构化数据则包括文本、图片、音频、视频等各种难以量化和处理的数据形式。

（2）大数据存储

大数据存储（图11-3-2）是为了能够方便地进行数据的长期保留和随时调取。由于大数据的体量巨大，传统的数据存储方式已经无法满足需求，因此，各种新兴的存储技术应运而生。

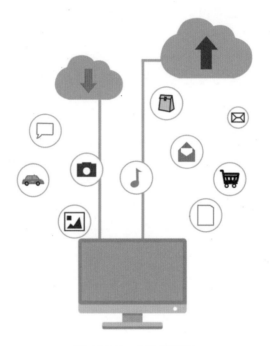

图 11-3-2　大数据存储

分布式文件系统（DFS）是一种常用的大数据存储方式，它将数据分散存储在多个节点上，从而实现数据的快速读写和备份。Hadoop 是目前最流行的 DFS 之一，它将数据切分成多个块，并将这些块分布在不同的服务器上。

（3）大数据处理

大数据处理（图11-3-3）是整个工作流程中最为复杂和关键的环节。在大数据时代，人们需要处理的数据量越来越大，而且数据的种类也越来越多样化。为了高效地处理大数据，各种数据处理工具和技术层出不穷。

图 11-3-3　大数据处理

11.4
机器学习的组成

机器学习是一个多学科交叉的领域，它包括以下几个主要组成部分。

（1）表示（模型）

这是机器学习过程中的第一步，涉及将实际问题转换为计算机可以理解和处理的形式，即建立数据和实际问题的抽象模型。

（2）评价（策略）

这一部分关注对已建立的模型进行评估，确定模型的优劣，并选择合适的评价指标。

（3）优化（算法）

优化阶段的目标是找到最优的模型，以实现模型在解决特定问题时的性能最大化。

机器学习算法可以分为不同的类别，包括监督式学习、非监督式学习、半监督式学习和强化学习。监督式学习中，模型通过已知的数据和对应的标签进行训练，而非监督式学习则侧重于在没有标签的情况下发现数据的内在结构和模式。半监督式学习结合了监督式和非监督式学习的特点，利用少量的标记数据和大量的未标记数据来训练模型。强化学习则是一种基于试错的学习方式，模型通过与环境的互动来学习最优的策略。

机器学习的应用非常广泛，包括但不限于图像识别、自然语言处理、推荐系统等。

11.5
机器学习的工作原理

机器学习是人工智能的一个分支，其主要工作原理是利用统计学和算法让计算机系统能够从数据中学习和改进。具体来说，机器学习涉及以下几个核心步骤。

（1）数据准备（图11-5-1）

这是机器学习的第一步，需要收集和整理用于训练及测试的数据。在这个阶段，会对数据进行清洗、处理和转换，以便于后续的分析建模。

图 11-5-1　数据准备

（2）模型构建（图11-5-2）

在数据准备的基础上，机器学习进入模型构建阶段，构建数学模型来描述数据之间的关系。模型可以是线性的，也可以是非线性的，如线性回归、决策树、支持向量机、神经网络等。

图 11-5-2　模型构建

（3）模型训练

模型训练是将数据输入模型中，根据模型的反馈来不断调整模型的参数，以使模型能够更好地拟合数据。模型训练的目标是最小化模型的预测误差，使得模型能够在未见过的数据上具有较好的泛化能力。

（4）模型评估

模型训练完成后，需要通过各种评估指标，如准确率、召回率、F1 值等，来判断模型的性能和泛化能力。

（5）应用

机器学习的应用非常广泛，可以应用于图像识别、语音处理、自然语言处理、推荐系统等领域。

机器学习的成功与否很大程度上取决于特征工程，即如何选择和提取数据特征。特征用于描述数据的属性和特性，可以是数值、文本、图像等，特征提取的好坏直接影响模型的性能和准确度。

11.6
工控机的组成

工控机的组成通常包括以下几个关键部分。

❶ 主板　作为工控机的核心，主板包含 CPU、内存、北桥芯片、南桥芯片

以及其他必要的集成电路。

❷ 处理器　工控机通常采用高性能的多核处理器，以满足复杂的高实时性控制任务。

❸ 存储设备　包括内存（RAM）和硬盘（HDD 或 SSD）。内存用于临时存储 CPU 处理的数据，而硬盘用于长期存储操作系统、应用程序和数据。

❹ 输入输出接口　如串口、并口、USB 口、以太网口等，用于连接传感器、执行器、人机界面等设备，实现与外部系统的数据交互。

❺ 显卡　用于将 CPU 处理的图像数据转换为显示器可以接收的视频信号。

❻ 电源供应　可靠稳定的电源供应对工控机的正常运行至关重要。

❼ 机箱　作为工控机的物理承载者，起到固定和保护内部配件的作用。

❽ 其他配件　可能还包括光驱、网卡、声卡等其他辅助组件，但这些并非所有工控机都配备。

11.7
工控机的工作原理

（1）数据采集

工控机通过各种接口和模块，如模拟输入、数字输入、串口、以太网等，实现对外部设备的数据采集功能。它可以接收传感器、仪器仪表等设备的数据，并进行处理和存储。

（2）实时操作系统

工控机通常采用实时操作系统，如嵌入式 Linux、VxWorks 等，以保证系统的实时性和可靠性。

（3）控制系统

工控机需要根据实际控制开发特定的控制软件，通常称为控制系统。控制系统通常由三层组成：最上层是应用软件，负责实现具体的控制功能；中间层是支持软件，提供各种编程语言、开发工具等技术支持；最下层是操作系统和硬件平台，负责实现各种驱动程序及硬件接口。

（4）人机界面

工控机通常具有直观友好的人机界面，通过触摸屏交互界面，用户可以进行参数设置、监控操作、数据查询等。工控机可以向用户提供实时的图像、报警信息和操作界面，使用户能够方便地监控和控制工业过程。

（5）数据通信

工控机通常配备有多种通信接口，如串口、以太网、无线网络等，用于与其他设备或者上位机进行数据通信。它可以将采集到的数据传输给其他设备，如监控系统、数据库等，实现数据共享和远程监控。

（6）硬件架构

工控机采用定制化的硬件架构，包括 CPU、内存、硬盘、I/O 接口等，以满足工业环境的特殊需求，如抗干扰、抗震动等。

11.8 大数据技术在无人驾驶汽车中的应用

11.8.1 数据获取

无人驾驶汽车的正常运行需要大量的数据支持。首先，它需要获取关于道路交通信号、车辆位置等基础数据（图 11-8-1），以确保行驶的安全性和准确性。这些基础数据通过传感器、相机和雷达等设备获取，并以数字化的形式储存。其次，无人驾驶汽车还需要获取实时的导航数据、天气信息、交通拥堵情况等，以便进行路径规划和实时决策。这些数据可以通过车载设备、卫星导航系统和云端数据接口获取。

图 11-8-1　获取道路交通信号、车辆位置等基础数据

11.8.2 数据分析

大数据的分析是无人驾驶技术中不可或缺的环节。通过对获取的大量数据进行分析，无人驾驶汽车能够更好地理解和适应周围环境（图 11-8-2）。首先，通过对环境数据的分析，无人驾驶汽车可以实时感知道路的路况、交通信号和障碍物等信息，并做出相应的决策。其次，对车辆行为数据的分析可以帮助无人驾驶汽车识别和预测其他车辆的行驶轨迹和意图，从而更好地进行协同驾驶。最后，对历史数据的深入分析可以帮助无人驾驶汽车改善自身的行驶策略和性能，提高驾驶的安全性和舒适性。

图 11-8-2　实时感知道路的路况、交通信号

11.8.3 数据应用

无人驾驶技术的数据应用体现在多个方面。首先，通过与导航系统和云端数据接口的结合，无人驾驶汽车可以实时接收和更新导航数据（图 11-8-3），以确保最优的路径选择和行驶策略。其次，数据的应用使得无人驾驶汽车能够实现自动驾驶功能，自主地进行车辆操作，如自动变道、自动超车等。此外，无人驾驶汽车还可以借助大数据的应用来优化燃油消耗，改善车辆的能效和环保性能。最后，无人驾驶技术的数据应用还包括与智能交通系统的连接，实现车辆与交通基础设施的互联互通，提升交通流量的效率和安全性。

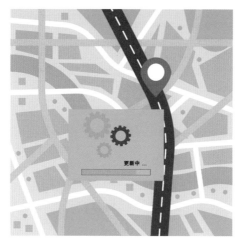

扫一扫
看动画视频

图 11-8-3　更新导航数据

11.9
机器学习技术在无人驾驶汽车中的应用

（1）感知

感知是无人驾驶汽车能够识别和理解周围环境的能力。它通过传感器获取到的数据，如摄像头、激光雷达等，来感知物体、行人、道路状况（图 11-9-1）等信息。机器学习可以对这些数据进行分析和处理，从中学习到关键的特征和模式。例如，通过对大量图像数据进行训练，机器学习可以识别出交通信号灯、行人、车辆等，并且对它们的位置、动态等进行准确的判断和预测。

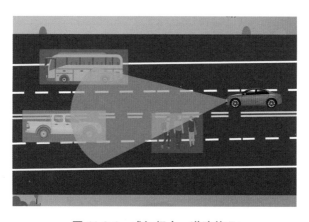

图 11-9-1　感知行人、道路状况

（2）决策

决策是指无人驾驶汽车根据感知到的信息做出合理的行驶决策。机器学习可以利用大量的传感器数据和历史驾驶数据进行训练，从而学习到合适的驾驶策略和规则（图 11-9-2）。例如，机器学习可以根据不同的交通场景，学习到何时该加速、刹车或转向等，以及如何与其他车辆和行人进行协同。这样的决策模型使无人驾驶汽车能够根据实时的道路状况做出精准和安全的驾驶决策，避免潜在的危险和事故。

图 11-9-2　学习驾驶策略和规则

（3）路径规划

路径规划（图 11-9-3）是指无人驾驶汽车选择出行路线的过程。机器学习

图 11-9-3　路径规划

可以利用地图数据、历史交通数据以及实时的路况信息等进行训练。通过机器学习，无人驾驶汽车可以学习到哪些路径更具效率、安全和舒适性，并且针对不同的出行目的和偏好做出个性化的路径规划。机器学习还可以随着时间的推移不断优化路径规划模型，以适应不断变化的交通环境和需求。

（4）智能交互

无人驾驶汽车与乘客、其他车辆以及智能交通系统之间的交互非常重要。机器学习可以使无人驾驶汽车具备智能交互的能力（图 11-9-4），如语音识别、自然语言处理等。通过机器学习，车辆可以理解和响应乘客的指令，提供详细的导航和乘车信息，并与其他车辆和智能交通系统进行实时的数据交换。这种智能交互不仅可以提升驾乘体验，而且可以改善交通效率和安全性。

图 11-9-4　无人驾驶汽车智能交互

11.10
工控机技术在无人驾驶汽车中的应用

（1）车辆感知系统（图 11-10-1）

工控机可以用于无人驾驶汽车的感知系统，包括雷达、激光雷达、摄像头等传感器数据的采集、预处理和融合。工控机能够提供强大的数据处理能力，保证感知系统的实时性和准确性。

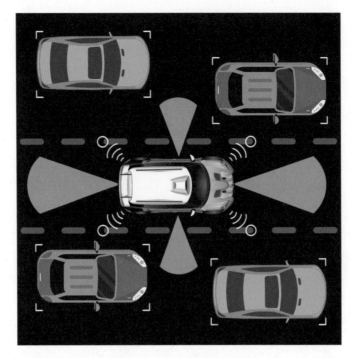

图 11-10-1　车辆感知系统

（2）自动驾驶控制系统

　　工控机可以作为自动驾驶控制系统的核心设备，实现车辆的运动控制、速度控制（图 11-10-2）、路径识别和避障等功能。工控机的高可靠性和实时性能够保证自动驾驶系统的稳定性和安全性。

图 11-10-2　无人驾驶汽车速度控制

（3）交通信息采集和传输系统

工控机可以用于交通信息采集和传输系统，通过车载传感器和通信设备，收集交通流量、路况（图 11-10-3）、天气等信息，并将数据传输到后台控制系统进行分析和处理。

图 11-10-3　收集交通流量、路况信息

（4）无人驾驶汽车网络通信

工控机可以用于无人驾驶汽车的网络安全和通信系统，实现车辆之间的通信和数据交换（图 11-10-4），保证无人驾驶汽车的网络安全和数据传输的稳定性。

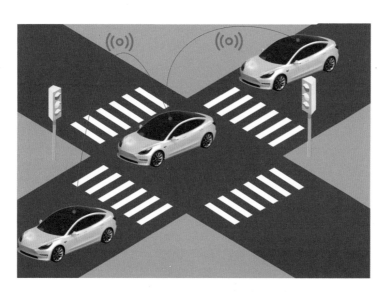

图 11-10-4　车辆之间的通信和数据交换

欢迎选购"动画视频＋全彩图解"系列图书

书号	书名	定价	出版时间
44128	动画视频＋全彩图解 工伤保险法律法规	69.90 元	2024 年 6 月
44461	动画视频＋全彩图解 安全驾驶与交通事故预防	69.80 元	2024 年 5 月
42959	动画视频＋全彩图解 数据与网络安全法规	69.80 元	2024 年 5 月
42980	动画视频＋全彩图解 汽车保险与理赔	69.80 元	2024 年 1 月
43985	动画视频＋全彩图解 公路养护安全法律法规	69.80 元	2024 年 1 月
41804	动画视频＋全彩图解 新交规与机动车违法记分细则	69.80 元	2023 年 1 月
40098	动画视频＋全彩图解 道路交通标志标线大全	69.00 元	2022 年 2 月
38141	动画视频＋全彩图解 道路交通安全法规	69.00 元	2021 年 4 月

温馨提示：读者购书后可发邮件至邮箱 huangying0436@163.com 免费领取电子教学课件 PPT（请提供购书截屏）。

投稿邮箱：huangying@cip.com.cn。